# BtoC Eコマース実務対応

弁護士 **古川昌平**・弁護士 **上原拓也**・弁護士 **小林直弥** ［著］

商事法務

# はしがき

　本書は、企業が消費者向け電子商取引（BtoC-E コマース）を行う際に検討が必要となる、①取引に関する「規約」、②主に広告を内容とする「表示」及び③個人情報に関わる「プライバシーポリシー」の作成・運用に関して、基本的に次の法令に焦点を当て、実務対応に向けた留意点を整理するものである。

　①民法（2020 年 4 月改正法施行）、消費者契約法（2022 年 6 月改正法成立）

　②特定商取引法（2022 年 6 月改正法施行）、景品表示法

　③個人情報保護法（2022 年 4 月改正法施行）、民法

　著者らは、2020 年〜 2021 年にかけ、計 12 回、NBL にて「E コマース実務対応（規約作成上の留意点等）」と題する論稿を連載したが、その後改正法の成立や施行、これに伴うガイドラインの改定などが相次いでいる。そのため、本書執筆時点の最新情報に基づき改めて整理し直した（NBL の連載時と同様、上記①②は古川・小林、③は古川・上原が担当している）。その際、全体的に構成や表現等も見直している。


　ソーシャル・ネットワーキング・サービス（SNS）やスマートフォンの普及に伴い、BtoC-E コマースは急速に発展し、その市場規模も年々大きくなっている。特に、2020 年以降は新型コロナウイルス感染症拡大に伴う生活様式の変化に伴い、物販・デジタル分野の BtoC-E コマースの市場規模が大幅に拡大した。

　BtoC-E コマースにおいて、企業は、通常、消費者と交渉等を経ずに画一的に取引を行う。その際、民法の任意規定を補充・修正した取引内容とするため、取引に関する規約の整備が重要となる。ただし、当該規約が民法の強行規定や消費者契約法により無効とされることがあり、規約の作成・運用に際し、検証する必要がある。

　また、E コマースは非対面取引であり、口頭での説明等は予定されていないため、消費者に対する説明や誘引方法として、ウェブページなどの広

告表示も重要である。消費者向けの広告表示については種々の規制（景品表示法、特定商取引法の通信販売表示規制など）が存在し、作成・運用に際しそれらを考慮する必要がある。

　更に、BtoC-E コマースでは、通常、消費者（顧客）の個人情報を取得するため、個人情報保護法の遵守も不可欠である。実務上、プライバシーポリシーの作成・運用という場面で対応を検討することが多い。

　これらのように、取引に関する「規約」、広告「表示」、個人情報に関わる「プライバシーポリシー」の作成・運用に際しては、複数の民事ルールや行政ルールを検討する必要がある。その際、どの法令が適用されるのか、どのような場合に当該法令に違反するのか、仮に違反した場合の効果やビジネスに及ぶ影響、どのようにすれば違反しないのかといったことを個別具体的に検討する必要がある。

　もっとも、現状、各法令に関し個別に解説する文献や BtoC-E コマースに関する法的留意点について概観する文献等はあるものの、BtoC-E コマースの取引に関する「規約」、広告「表示」、個人情報に関わる「プライバシーポリシー」の作成・運用に関する法的問題に焦点を当て、実務対応を見据え横断的に解説するものはあまり見当たらない。そこで、BtoC-E コマースを行う企業の法務担当者を主な読者として想定し、冒頭記載の法令に焦点を当て、本書を執筆した。

　各社の取扱商材や取引内容により、規約や表示の態様や内容は様々であり、それらを捨象して一律に扱い、条項例や表示例を示すことは困難である。そのため、本書では、商品の売買事例を念頭に置きつつ、BtoC-E コマースに関し、対応が必要な法令の基本的な考え方や実務対応の留意点を整理し、考え方の整理に必要な範囲で条項例をお示ししている。

　また、個人情報に関しては、各社が当然のように策定しているプライバシーポリシーの意義と必要性などを改めて整理した上で、その作成・運用に関し、BtoC-E コマースに関し必要な範囲で概観している。併せて、より実務対応に即したものとするため、プライバシーポリシー作成時に記載

を検討すべき事項の一覧を別紙として作成しているので、是非ご活用いただきたい。

　BtoC-E コマースの市場規模は今後更に拡大し、それに伴い、従前議論されていない新しい法的な問題を検討すべき場面も増えると予想されるが、上記考え方や留意点を基に、当該検討に際してもお役に立てることがあるのではないかと考えている。動きが激しい分野のため、今後機会があれば随時改訂等にも取り組みたい。

　本書の刊行に当たっては、株式会社商事法務コンテンツ制作部の井上友樹氏、コンテンツ開発部（NBL 編集部）の奥田博章氏及び西田有希菜氏に様々なアドバイスをいただくなどした。多大なご尽力に深く感謝申し上げる。

2022 年 6 月

著者を代表して　古川　昌平

# 目　次

# 凡　例

　法令（下記1）や通達、ガイドライン、報告書等の行政文書（下記2）はウェブサイト上で公開されている。「略語」にて検索いただければ概ねヒットするので、基本的に URL は記載していない。検索を経て適宜ご確認いただきたい。古いページは確認できない場合があるが、その場合は、国立国会図書館インターネット資料収集保存事業（WARP）のサイトにて検索いただくことで確認可能である。直接 URL を入力することは少ないであろうし、URL が更新されてリンク切れになるおそれもあるが、参考として URL を付記しているところも一部ある。本文でも、同様の方針の下、基本的に URL は記載しない。

　なお、本書脱稿後、2022年6月22日付けの特商法通達が公表されたが、主に訪問販売等による悪質な住宅リフォームに関するものであり、反映していない。また、本書脱稿後、インターネット表示留意事項の改正に接した。

## 1　法令

| 略語 | 定義 |
|---|---|
| 改正前民法 | 民法の一部を改正する法律（平成29年法律第44号）による改正前の民法 |
| 民法 | 民法（明治29年法律第89号）<br>（平成30年法律第59号による改正後のもの） |
| 2022年消費者契約法改正法 | 消費者契約法及び消費者の財産的被害の集団的な回復のための民事の裁判手続の特例に関する法律の一部を改正する法律（令和4年法律第59号） |
| 改正後消費者契約法 | 消費者契約法（平成12年法律第61号）<br>（2022年消費者契約法改正法による改正後のもの） |
| 電子契約法 | 電子消費者契約に関する民法の特例に関する法律（平成13年法律第95号） |

| 特商法 | 特定商取引に関する法律（昭和 51 年法律第 57 号）（消費者被害の防止及びその回復の促進を図るための特定商取引に関する法律等の一部を改正する法律（令和 3 年法律第 72 号）による改正後のもの）上記改正法（令和 3 年法律第 72 号）による改正を「2021 年特商法改正」という。 |
|---|---|
| 特商法施行規則 | 特定商取引に関する法律施行規則（昭和 51 年通商産業省令第 89 号）（特定商取引に関する法律施行規則の一部を改正する命令（令和 4 年内閣府・経済産業省令第 1 号）（令和 4 年 1 月 4 日公布）による改正後のもの） |
| 特定電子メール法 | 特定電子メールの送信の適正化等に関する法律 |
| 景品表示法 | 不当景品類及び不当表示防止法（昭和 37 年法律第 134 号） |
| 薬機法 | 医薬品、医療機器等の品質、有効性及び安全性の確保等に関する法律 |
| 個情法 | 個人情報の保護に関する法律（平成 15 年法律第 57 号） |
| 個情令 | 個人情報の保護に関する法律施行令（平成 15 年政令第 507 号） |
| 個情則 | 個人情報の保護に関する法律施行規則（平成 28 年個人情報保護委員会規則第 3 号） |

## 2　通達、ガイドライン、報告書等

| 略語 | 定義 |
|---|---|
| 準則 | 経済産業省「電子商取引及び情報財取引等に関する準則」（2022 年 4 月） |
| 消費者契約法報告書 | 消費者契約に関する検討会（消費者庁開催）「報告書」（2021 年 9 月） |

| | |
|---|---|
| 特商法通達 | 消費者庁次長、経済産業省大臣官房商務・サービス審議官通達「特定商取引に関する法律等の施行について」（2022 年 2 月 9 日） |
| 特商法解説 | 消費者庁「特定商取引に関する法律・解説（令和 4 年 6 年 1 日時点版）」 |
| 返品特約ガイドライン | 特商法通達別添 5「通信販売における返品特約の表示についてのガイドライン」 |
| 通信販売申込みガイドライン | 特商法通達別添 7「通信販売の申込み段階における表示についてのガイドライン」 |
| 通信販売申込みガイドラインパブコメ | 消費者庁「通信販売の申込み段階における表示についてのガイドライン（案）に関する意見募集の結果等について」別紙主な御意見についての考え方（2022 年 2 月 9 日公示） |
| 特定電子メールガイドライン | 総務省総合通信基盤局消費者行政課・消費者庁取引対策課「特定電子メールの送信等に関するガイドライン」（2011 年 8 月） |
| 不実証広告ガイドライン | 公正取引委員会「不当景品類及び不当表示防止法第 7 条第 2 項の運用指針—不実証広告規制に関する指針—」（2003 年） |
| 価格表示ガイドライン | 公正取引委員会「不当な価格表示についての景品表示法上の考え方」（2000 年 6 月 30 日、最終改定 2016 年 4 月 1 日消費者庁） |
| 打消し表示報告書 | 消費者庁「打消し表示に関する実態調査報告書」（2017 年 7 月） |
| 電子商取引表示留意事項 | 公正取引委員会「消費者向け電子商取引における表示についての景品表示法上の問題点と留意事項」（2003 年） |
| インターネット表示留意事項 | 消費者庁「インターネット消費者取引に係る広告表示に関する景品表示法上の問題点及び留意事項」（2011 年） |

| アフィリエイト<br>広告報告書 | 消費者庁開催アフィリエイト広告等に関する検討会<br>「アフィリエイト広告等に関する検討会 報告書」（2022<br>年 2 月） |
|---|---|
| 個情法 GL 通則<br>編 | 個人情報保護委員会「個人情報の保護に関する法律に<br>ついてのガイドライン（通則編）」（2021 年 10 月一部<br>改正） |
| 個情法 GL 外国<br>第三者提供編 | 個人情報保護委員会「個人情報の保護に関する法律に<br>ついてのガイドライン（外国にある第三者への提供<br>編）」（2021 年 10 月一部改正） |
| 個情法 GL 通則<br>編改正パブコメ | 個人情報保護委員会「『個人情報の保護に関する法律<br>についてのガイドライン（通則編）の一部を改正する<br>告示案』に関する意見募集結果」（2021 年 8 月 2 日公示） |
| 個情法 Q&A | 個人情報保護委員会「『個人情報の保護に関する法律<br>についてのガイドライン』に関する Q&A」（2022 年 5<br>月 26 日更新） |

## 3　主な文献

| 略語 | 定義 |
|---|---|
| 逐条解説消費者<br>契約法 | 消費者庁消費者制度課編『逐条解説消費者契約法〔第<br>4 版〕』（商事法務、2019） |
| 民法改正一問一<br>答 | 筒井健夫＝村松秀樹編著『一問一答 民法（債権関係）<br>改正』（商事法務、2018） |
| 定型約款 Q&A | 村松秀樹＝松尾博憲『定型約款の実務 Q&A』（商事法<br>務、2018） |
| 緑本 | 西川康一編著『景品表示法〔第 6 版〕』（商事法務、<br>2021） |
| 岡村 | 岡村久道『個人情報保護法〔第 4 版〕』（商事法務、<br>2022） |

## 4 判例の引用

判例の引用及び主な略語は以下のとおりとする。

例）最二判平成 23 年 7 月 15 日民集 65 巻 5 号 2269 頁

→最高裁判所第二小法廷平成 23 年 7 月 15 日判決最高裁判所民事判例集 65 巻 5 号 2269 頁

最判　最高裁判所判決
高判　高等裁判所判決
地判　地方裁判所判決
民集　最高裁判所民事判例集
判時　判例時報
判タ　判例タイムズ

第1部

# BtoC-E コマースの現状
# 及び本書における
# 主な検討対象

2020 年の日本国内の BtoC-E コマースの市場規模は、19.3 兆円であった（経済産業省「令和 2 年度 産業経済研究委託事業（電子商取引に関する市場調査）報告書」〔2021 年 7 月公表〕）。

主として旅行サービスの縮小に伴い、サービス系分野の市場規模が大幅に減少したため全体では若干市場が縮小したものの、新型コロナウイルス感染症拡大の対策として、外出自粛の呼びかけ及び E コマースの利用が推奨された結果、物販系分野の大幅な市場規模拡大（前年比約 21.7％増）及びデジタル分野の市場規模拡大（前年比約 14.9％増）につながった。メーカーが自社の商材を E コマースサイト上で直接消費者向けに販売する DtoC（「Direct To Consumer」の略）の登場、定額の利用料金を消費者から定期的に徴収してサービスを提供するサブスクリプションサービスの定着なども背景に、今後も BtoC-E コマース全体の市場は拡大していくことと予想される。

BtoC-E コマースを行おうとする適正な事業者は、通常、消費者に受け入れられる商品・役務を取り揃え、納得してもらえる取引条件を設定しているだろう。そのような事業者の中でも、上記商品・役務の整備に注力するあまり、また消費者は規約をきちんと読まないとの考えもあり、規約の整備を後回しにすることがあるだろう。しかし、規約は、事業者と消費者の間にトラブルが生じる場合に備えて事前に権利義務関係を明確に規定しておくものであり、商品・役務の取揃えと同様に重要である。また、万一、規約に不当条項が存在する場合には、トラブル発生時に効力を主張できない可能性や、適格消費者団体[1]により差止請求がなされる可能性もある。

同様に、サイト表示についても、無数に存在するウェブサイトの中から自社取扱商品・役務を選択してもらえるよう、いかに消費者に訴求するかという観点で作り込まれるだろう。ただ、その際も、一般消費者が受ける印象と実際に相違がある場合には、不当表示や、虚偽・誇大広告となってしまう。その場合には、行政処分を受けたり、適格消費者団体による差止

---

1) 適格消費者団体とは、不特定多数の消費者の利益のために差止請求権を行使するのに必要な適格性を有するとして認定を受けた消費者団体をいう。2021 年 12 月現在、22 団体が存在する（消費者庁ウェブサイトの「適格消費者団体・特定適格消費者団体とは」ページ）。

請求を受けたりすることがあるし、何より顧客である消費者が取引に満足しないことになりかねない。リピーター獲得のためにも、ウェブサイト表示を適切な内容とすることは重要だろう。

　更に、BtoC-E コマース運営に際しては、通常ユーザーの個人情報を取得するため、個情法を意識する必要もあり、プライバシーポリシーの設計が重要である。近年、消費者のプライバシー意識が高まっている中、個人情報の適切な取扱いは、法的リスクのみならず、レピュテーションリスクその他の経営上のリスクを低減する上でも重要な意味を有している。

　本書では、BtoC-E コマースにつき、これら規約やサイト表示、プライバシーポリシーを検討対象の中心に据え、実務上問題となり得る場面ごとに、関係法令や対応策を横断的に整理することを試みる[2]。

　BtoC-E コマースを展開する際、決済方法を整備する必要があり、その際資金決済法や割賦販売法との関係を考慮する必要がある。また、ポイントサービスを展開する際には別途景品表示法の景品規制なども考慮する必要がある。もっとも、紙幅の関係上、本書においてはさしあたり省略する。

　なお、本文中、イメージを示すため規約の条項例を挙げることがあるが、実際に規約の作成をする際には、各事業者が取り扱う商品・サービスやビジネスモデルに応じた見直しが必要であり、全ての場面に適用し得るものではない点に留意いただきたい。

---

2) ウェブサービスに関する利用規約に焦点を当て概括的に整理した書籍として、雨宮美季＝片岡玄一＝橋詰卓司『〔改訂新版〕良いウェブサービスを支える「利用規約」の作り方』（技術評論社、2019）がある。同書は、ウェブサービスに携わるエンジニア、ディレクター、プロデューサー、経営者を主な読者と想定したものであり、読みやすい。本稿では、同書を念頭に置きながら、法務担当者を主な読者と想定しつつ、BtoC-E コマースのうち商品の売買事例を中心に解説する。

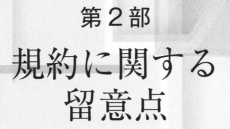

第2部

# 規約に関する留意点

# 第1章
# 規約作成上の留意点

## I　序論——検討対象法令及び一般的に規定される
## 　条項概観

　企業が規約を作成する際には、通常、民法の任意規定を補完・修正して自社にとって適切（有利）な内容となるよう検討することになるが、その際、並行して、各条項が法令に抵触しないかについて検証する必要がある。販売する商品等の種類によっては業法を遵守すべき場合もある。業法について措くと、顧客に消費者が含まれる BtoC-E コマースにおいては、少なくとも民法、消費者契約法及び特商法の通信販売規制は意識する必要がある。

　規約作成の場面では、特商法の定める個別具体的なものを除くと、不当な内容の条項の拘束力を否定する民法 548 条の 2 第 2 項や、消費者契約法 8 条～ 10 条が問題となることが多い。

　BtoC-E コマースの商品売買契約の規約で一般的に規定される条項としては、以下が挙げられる。

---

・規約の目的

・定義

・契約成立時期

・申込拒絶事由

・引渡債務（例：商品配送時期・方法）や代金支払債務（例：決済方法）

・所有権移転・危険負担

---

・返品特約・契約不適合責任
・所有権放棄をみなす条項
・未成年者の利用の可否や法定代理人の同意
・知的財産権
・禁止事項
・事業者による契約の解除
・事業者の損害賠償責任の免除
・不正利用者に対する違約金等の予定
・反社会的勢力の排除
・サービスの一時停止、中断又は終了
・規約の変更
・専属的合意管轄条項
・サルベージ条項

　定期購入に関する規約や会員規約等、継続的関係を定める規約に特有の条項としては、以下が挙げられる。

・会員登録
・ID・パスワードに関する条項
・登録情報の変更等
・顧客の解約権の制限
・会員資格抹消措置等

　以下では、民法 548 条の 2 第 2 項や消費者契約法 8 条〜 10 条について概説した上で（後記 II）、BtoC-E コマースにおける商品売買契約で一般的に規定される条項について解説する（後記 III）。その上で、定期購入に関する規約や会員規約等、継続的関係を定める規約に特有の条項について解説する（後記 IV）。

7

## II 定型約款に関する不当条項規制及び消費者契約法における不当条項規制概観

### 1 定型約款に関する不当条項規制

　2020年4月1日に施行された民法（債権法）改正法は、約款を用いた取引の法律関係を明確にするため、「定型約款」という新しい概念を設け、新たなルールを規定した（民法548条の2〜548条の4）。具体的には、①どのような場合に定型約款の内容で契約が成立するかという、いわゆる「みなし合意」に関するルール、②定型約款を用いた取引に際して必要となる表示手続に関するルール、そして③定型約款を変更する際の要件に関するルールである。

　法律上、「定型約款」とは、定型取引（ある特定の者が不特定多数の者を相手方として行う取引であり、その内容の全部又は一部が画一的であることがその双方にとって合理的なもの）において、契約の内容とすることを目的として、一方当事者により準備された条項の総体をいう（民法548条の2第1項柱書）。BtoC-E コマースの取引関係を定めるために用いられる規約は、当該定義に該当し、「定型約款」に該当すると考えられる。したがって、規約の作成、運用、変更は、上記①〜③のルールに則って行う必要がある。

　規約作成に当たっては、上記①に関するルールが問題になる。

　規約が定型約款に該当する場合、(a) 当該規約を契約の内容とする旨の合意をしたときや、(b) あらかじめその規約を契約の内容とする旨を相手方に表示したときには、原則として、相手方が定型約款の個別の条項を認識していなくとも、個別の条項について合意をしたものとみなされる（定型約款の個別の条項が契約内容となる、民法548条の2第1項）。しかし、不当な内容の条項（相手方の権利を制限し、又は相手方の義務を加重する条項であって、その定型取引の態様及びその実情並びに取引上の社会通念に照らして信義則に反して相手方の利益を一方的に害すると認められるもの）がある場合、

当該条項については合意しなかったものとみなされる（同条２項）。そのような条項に該当するか否かは、相手方に与える不利益の程度が重要な指標となるが、（ⅰ）定型取引の態様、（ⅱ）定型取引の実情、（ⅲ）取引上の社会通念等の事情も広く考慮される。

## ２　消費者契約法における不当条項規制

　事業者と消費者との間で成立した契約（消費者契約）には消費者契約法が適用されるので、BtoC-E コマースの規約を作成する際には、同法が適用されることを意識する必要がある。

　消費者契約法は、事業者と消費者との間に情報の質、量及び交渉力の格差があることを前提に、消費者の利益を保護するために、種々の規定を設けている。規約作成との関係では、条項が無効になる場合を定めた消費者契約法８条〜10条が重要である。消費者契約法８条〜９条は、以下のとおり、類型的にみて不当性が高く、無効にすべき個別の条項をリスト化したものである。

①事業者の損害賠償責任を不当に免除する条項等（８条）→無効
②消費者の解除権を放棄させる条項等（８条の２）→無効
③消費者に後見開始の審判等があったことのみを理由として、事業者に解除権を付与する条項（８条の３）→無効
④消費者が支払う損害賠償の額を不当に高額に設定する条項等（９条）→不当な部分が無効

　消費者契約法８条〜９条については、後記Ⅲ及びⅣの規約の個別条項の解説において必要な範囲で触れる。

　消費者契約法10条は、幅広く、（ⅰ）法令中の公の秩序に関しない規定の適用による場合に比して消費者の権利を制限し又は消費者の義務を加重する消費者契約の条項に該当し、（ⅱ）信義則に反して消費者の利益を一

方的に害するものを無効と定めている。

　上記（ⅰ）の「法令中の公の秩序に関しない規定」とは、任意規定（当事者が合意すれば、その規定よりも当事者間の合意内容が優先する規定）を指す[1]。任意規定には、法令に明文化された規定だけではなく、法令に明文化されていない一般的な法理や準則[2]、例えば契約の一般法理や取引慣行、裁判例の蓄積によって一般に承認されている考え方等も含まれる（最二判平成23年7月15日民集65巻5号2269頁）。

　消費者契約法10条では、条文上、上記（ⅰ）の例示として、「消費者の不作為をもって当該消費者が新たな消費者契約の申込み又はその承諾の意思表示をしたものとみなす条項」が挙げられている。もっとも、これは、あくまで上記（ⅰ）の例示であるため、上記（ⅱ）も満たして初めて条項は無効となる。

　上記（ⅱ）に関して、民法1条2項に規定する基本原則である信義則に反して一方的に消費者を害するかどうかは、消費者契約法の趣旨・目的に照らし、当該条項の性質、契約が成立するに至った経緯、消費者と事業者との間に存する情報の質、量及び交渉力の格差その他諸般の事情を総合考慮して判断される（前掲最二判平成23年7月15日）。

## Ⅲ　規約上一般的に規定される条項に関する法的検討

### 1　規約の目的

　規約では、前書き又は第1条で規約の目的について規定するのが一般的である。例えば、以下のような条項である。

　本規約は、○○株式会社（以下「当社」といいます）が提供する通信

---

1) 逐条解説消費者契約法292頁。任意規定は、当事者がその規定と異なる内容の合意をしない場合に限り適用される。なお、当事者の合意に常に優先して適用され、反する合意は無効になるものを強行規定という。
2) 凡例で定義した「準則」ではなく、一般的な用語としての準則を指す。

販売サービス（以下「本サービス」といいます）をお客様がご利用するに当たり、当社とお客様の権利関係等を規定するものです。

また、規約が複数存在する場合には、規約相互間の優劣関係についても規定しておく必要がある。

## 2 定義

各条項において個別に定義をすることでも問題ないが、定義が多くなるような場合には、規約の冒頭部分で定義をまとめて規定することが多い。一般的な消費者が理解でき、一義的に意味が確定できる用語を用いる必要がある。業界の専門用語はできる限り使用しないように努める必要があり、仮に使用する場合には補足説明を付すなどの対応が必要である。

## 3 契約成立時期

### （1）概観

BtoC-E コマースにおいて事業者と消費者が締結する契約も、一般の契約と同様に、申込みの意思表示と承諾の意思表示の合致により成立する（民法 522 条 1 項）。物品の売買契約であれば、顧客がショッピングサイト上で商品を選んで個数を入力してカートに入れ、最終確認画面で自らの住所・氏名等の必要事項を入力し、購入ボタン（申込ボタン）を押すことによって注文をする仕様になっていることが多い。その場合、一般的には、ウェブサイトでの商品や価格等の表示は申込みの誘引に当たり、顧客が購入ボタンを押して必要事項を事業者に送信することが、顧客による売買契約の申込みの意思表示に当たると解される[3]。

民法上は、顧客による契約締結の申込みの意思表示に対して、事業者の承諾の意思表示が顧客に到達した時点で契約が成立する（民法 97 条 1 項）[4]。

もっとも、かかる規定（民法 97 条 1 項）は任意規定であるため、当事者

の合意により契約成立時期について定めることができる。以下では、規約において契約成立時期に関する条項を規定しない場合について整理した上で、規約においてこのような条項を規定する場合の留意点について解説する。

## （2）規約に契約成立時期に関する条項を規定しない場合
### ア　事業者の承諾の意思表示

　一般的には、事業者が顧客に対して送信する注文承諾メールが、事業者の承諾の意思表示に当たる。したがって、事業者が顧客に対して注文承諾メールを送信し、それが到達したときに契約が成立する（到達時期について後記イ）。単に事業者が顧客の注文を受け付けただけでは契約は成立しない。

　顧客によって注文がされると、事業者から顧客に対して、顧客の注文内容を確認するためのメールが自動送信されることがある。しかし、顧客の注文内容の確認にとどまり、「在庫確認の上、対応可能な場合は改めて承諾通知を送る」といったように、別途承諾の意思表示を行う旨が明記され

---

3) 申込みの誘引とは、相手方に申込みをさせようとする意思の通知をいう。これに対し、申込みとは、「契約の内容を示してその締結を申し入れる意思表示」をいう（民法522条1項）。申込みの誘引との区別を明確にするという観点から、①契約の締結を申し入れる意思表示であることに加え、②契約の内容を示したものであることという要素が加えられている。申込みの誘引と申込みの意思表示のどちらに解されるかは、当事者の意思解釈の問題であるが、相手方が登場するまで契約を締結するかどうかの決定を留保する必要性がどの程度あるかという視点が重要となる。具体的には、内容の特定性（締結しようとする契約の主たる内容が特定されていない場合は、申込みの誘引と解される一事情となる）、相手方の重要性（誰と契約するかが重要である場合は、申込みの誘引と解される一事情となる）、履行可能性（履行能力を超えて大量の注文が殺到する可能性がある場合は、申込みの誘引と解される一事情となる）といった事情をもとに個別具体的に判断される。山本敬三『民法講義Ⅳ-1 契約』（有斐閣、2005）27頁、準則8頁。

4) 改正前民法では、隔地者間の契約は、承諾の通知を発したときに成立すると規定されていたが（改正前民法526条1項）、2020年4月1日施行の民法改正法により、改正前民法526条1項は削除され、隔地者間の契約であっても、承諾の意思表示が申込者に到達した時点で契約が成立することになった（民法97条1項）。なお、電子メールによる通知のように、電子的手段による意思表示によって契約が締結される場合には、改正前民法下においても、同法526条は適用されず、承諾の意思表示が申込者に到達した時点で契約が成立することとされていた（民法改正に伴い改正される前の、「電子消費者契約及び電子承諾通知に関する民法の特例に関する法律」4条はそのように定めていた。民法改正に伴い削除された）。

ている場合には、注文内容確認メールは事業者による承諾には当たらないと考えられる[5]。

### イ　承諾の意思表示の到達時期

前記**ア**のとおり、一般的に、事業者の承諾の意思表示が顧客に到達した時点で契約が成立するが、事業者の承諾の意思表示は、いつの時点で顧客に到達したといえるか。この点に関しては、意思表示が顧客にとって了知可能な状態に置かれた時点、すなわち、意思表示が顧客の支配圏内に置かれた時点で顧客に到達したことになるとの考え方が採用されている（最一判昭和 36 年 4 月 20 日民集 15 巻 4 号 774 頁、最三判昭和 43 年 12 月 17 日民集 22 巻 13 号 2998 頁）。

例えば、事業者が顧客に対して、注文を承諾する旨を記載した電子メールを送信する場合には、当該電子メールが顧客のメールサーバー中のメールボックスに読み取り可能な状態で記録された時点で、承諾の意思表示が顧客に到達し、契約が成立すると解される[6]。したがって、仮に事業者が顧客の注文に対して、注文を承諾した旨のメールを自動的に送信している場合には、当該メールが顧客のメールサーバー中のメールボックスに読み取り可能な状態で記録された時点で即座に契約が成立する[7]。

また、顧客によって購入ボタンが押されると、ウェブサイトやアプリ上に、注文を承諾した旨、あるいは契約が成立した旨が自動的に表示される

---

5) 傍論ではあるが、本文の結論と同じ結論を述べるものとして、東京地判平成 17 年 9 月 2 日判時 1922 号 105 頁がある。顧客が、インターネットショッピングモールにてパソコンが一台 2787 円と表示されていたのを見て当該パソコン 3 台を注文し、（販売業者でなく）当該モール運営者から受注確認メールが自動送信されたが、その翌日、販売業者から、注文には応じない旨のメールが送信された事案において、売買契約の成否が争われた（当該顧客は、訴訟で、目的物の引渡しでなく、同機種の中古品の代金相当額として 34 万 5000 円〔1 台当たり 11 万 5000 円〕の支払いを請求した）。同判決では、受注確認メールはモール運営者が送信したものであり、売り手である販売業者が送信したものではないから、権限ある者による承諾がされたものと認めることはできないと示した。その上で、「ちなみに」として、受注確認メールは、注文者の申込みが正確なものとして発信されたかをモール運営者が注文者に確認するものであり、注文者の申込みの意思表示の正確性を担保するものに他ならない（その時点では承諾の意思表示とはいえない）旨の判断が示された。
6) 準則 9 ～ 10 頁。
7) ただし、メールサーバーの故障などの特別の事情があった場合などには、裁判所が諸々の事情を考慮して個別に契約の成否及び成立時期等を判断することになる。

ことがある。このような場合には、顧客の端末の画面上に当該内容が表示された時点で、事業者による承諾の意思表示が顧客に到達したと解される[8]。

**ウ　事業者に生じ得る弊害**

このように、事業者の対応によっては、顧客が注文をした後すぐに契約が成立する場合がある。しかし、すぐに契約を成立させると、事業者にとって以下のような弊害があるのではないか[9]。

①事業者は、契約成立に伴い、契約上定められた時期に商品を買主に提供する債務を負う。仮に商品の在庫がなかったり、あるいは商品の調達に時間を要するにもかかわらず、契約を成立させてしまうと、当該債務を履行することができず、債務不履行責任を負う可能性がある。

②価格の誤表示等があった場合に、当該誤表示に従った内容で契約が成立してしまう可能性がある。仮に契約成立時期を遅らせていれば、大量の発注があることやネットの書込み等から、誤表示等に気付き訂正する余地を残すことができるが、早期に契約を成立させる場合、かかる余地はない[10]。

③申込者との間で契約を締結するか否かを検討することができず、転売目的を有するなど適切でない申込者との間であっても契約が成立してしまう。契約成立後の解除が奏功しないおそれがある（後記**4**）。

また、承諾の期間を定めないで行われた申込みは、申込者が撤回権を留

8）準則11頁。
9）動画配信サービスのようなネット上で提供するサービスの提供に関する契約について本文①の弊害は生じないが、②の弊害はあり得るだろうし、また、後記**4**のように申込みを拒絶したい場合に容易に拒絶できないという問題も生じ得る。
10）事業者としては、錯誤を理由に契約の取消しを主張することになる。顧客が事業者による誤表示を認識していた場合には、事業者に重過失が認められたとしても、錯誤取消しが認められる可能性はあるが、顧客が事業者による誤表示を認識していたかどうかは事実認定の問題であるため立証が困難な場合も多く、また、いずれにしろ顧客との間でトラブルになる可能性は高い。

保しない限り承諾の通知を受けるのに相当な期間を経過するまでは撤回できないのであり（民法525条１項）、即時に契約を成立させる必要性は高くないといえよう。

　これらを踏まえ、事業者としては、自社のビジネスに沿った形で、契約の成立時期について規定することが望ましい。ウェブサイト上や事業者から送信されるメール文中のみで、契約の成立時期に関する取扱いが記載されることもあるが、当事者間の権利関係を明確化する観点からは、当該記載を行うだけでなく、規約（会員規約[11]やショッピング規約等）において規定すべきである。その上で、当該メール等の記載は、規約と整合させる必要がある。

### （3）規約に契約成立時期に関する条項を規定する場合

　契約成立時期に関する条項の規定方法は、各事業者のビジネスの態様や導入するシステムとの相性によって、様々なパターンが考えられる。

### ア　条項例

　例えば、顧客による購入ボタンの押下が申込みの意思表示に当たることを前提として、（A）事業者による注文承諾メールや商品発送通知メールの顧客への到達時に契約成立とするパターンが考えられる。なお、注文承諾メール送信時に契約成立とする場合には、少なくとも、前記**(2) ウ①**や③でみた問題点が生じないよう、顧客の申込みを受けた時点で、当該商品の在庫の有無、申込顧客の性状、申込商品数の不自然性の有無等を判断した上で注文承諾メールを送信するようシステムを構築することなどが必要だろう。

　また、（B）事業者による商品発送をもって承諾の意思表示とみなし、商品発送時点で契約成立とするパターンも考えられる。（B）のパターンにつ

---

11）売買契約等の個別の取引に先立ち、会員登録を行わせる場合に制定することが多い会員規約は、民法548条の２第１項の要件を満たす場合、その後の個別の取引の基本契約としての性質を有することになる。そのため、個別の取引における契約成立時期は、当該会員規約（個別の取引に関するショッピング規約を定めている場合は当該ショッピング規約を含む）の内容に従って解釈される。準則8～9頁。

いて、事業者は現実には顧客に対し承諾の意思表示を行わないが、商品発送の事実があれば事業者に承諾の意思があることは明らかであり、私的自治の原則からこのような条項も許容されると考えられる（民法527条の定める意思実現による契約の成立を明確にしたものであるともいえる）。

　各パターンのイメージとしては、次のようなものである（あくまでイメージであり個別具体的な検討が必要な点は、**第1部**で記載したとおりである）。

---

＜パターンＡ＞
当社による［注文承諾メール／発送通知メール］をもって承諾の意思表示とし、当該メールがお客様に到達した時点で売買契約が成立するものとします。
＜パターンＢ＞
ご注文いただいた商品については、当社からの出荷を持ちまして、ご注文の承諾及び売買契約の成立といたします。

---

### イ　条項を規定する場合の留意点

　意思表示の取扱いや契約の成立時期に関する条項を規定する際には、不当な内容にならないよう注意すべきである。例えば、顧客による申込みの意思表示があるものとみなして契約を成立させる条項は、場合によっては、民法548条の2第2項によってみなし合意の効果が否定される、あるいは消費者契約法10条により条項が無効になる可能性がある。

　前記Ⅱ2で述べたとおり、消費者契約法10条は、（ⅰ）法令中の公の秩序に関しない規定の適用による場合に比して消費者の権利を制限し又は消費者の義務を加重する消費者契約の条項に該当し（10条前段要件）、（ⅱ）信義則に反して消費者の利益を一方的に害するもの（10条後段要件）を無効としている。また、同条では、当該10条前段要件を満たす例として、「消費者の不作為をもって当該消費者が新たな消費者契約の申込み又はその承諾の意思表示をしたものとみなす条項」が明記されている。

　先ほど検討したパターンＡのうち注文承諾メール到達時に契約が成立

する旨の定めは、民法97条1項を具体化したものであり、10条前段要件を満たさないといえる。また、パターンBについても、事業者は承諾の意思表示を行わず当該意思があることが明らかな行為を捉えて承諾したとみなそうとするものであり、10条前段要件を満たすと判断される可能性は低いだろう（パターンAのうち発送通知メール到達時に契約が成立する旨の定めは、パターンBをより丁寧にしたものと整理し得る）。

　これに対し、例えば、商品の定期購入契約における自動更新条項では、契約期間終了前の一定期間内に当事者双方から特段の申入れがなければ、自動的に同一の条件で契約が更新される旨の条項が設けられることがあり、このような条項は、上記の例示に該当し、10条前段要件を満たすと考えられる。

　もっとも、煩瑣な手続を回避できるという点で顧客の利便性に資する要素があり、自動延長という点のみをもって10条後段要件を満たすと判断される可能性は低いと考えられる。また、近年、自動発注システムが搭載され、購入した商品が一定量を下回った場合には、自動的に追加の購入申込みがあったとみなされる場合があるが、これについても、上記と同様に、顧客の利便性に資するという点で有用性が認められるものであり、上記を規定した条項の存在及び内容について顧客が認識できる措置が講じられているような場合には、10条後段要件を満たさないと考えられる。

　これらに対し、以下のような条項[12]は、10条前段要件における例示に該当し、かつ、意思表示をみなすことが必ずしも顧客に利益を与えるものとはいえず、条項の存在及び内容について顧客が認識できる措置が講じられていない場合には、10条後段要件も満たすと考えられる。

> 通信販売で掃除機1台を購入したところ、当該掃除機が届けられた際に健康食品のサンプルが同封されていた。当該掃除機の購入契約には、継続購入が不要である旨の電話を消費者がしない限り、今後、当該健康食品を1か月に1回の頻度で継続的に購入する契約を締結したもの

12）逐条解説消費者契約法294頁。

　上記のような極端な例でなくとも、例えば、企業が一方的に料金を大幅に増額し、消費者が異議を述べない限り承諾の意思表示をしたとみなすことが顧客にとって利益とならず、条項の存在及び内容について顧客が認識できる措置が講じられていない場合には、消費者契約法 10 条により条項が無効となるおそれがあるので注意が必要である。

　以上のとおり、顧客の利益を不当に害する内容とならないように注意しながら、意思表示の取扱いや契約成立時期に関する条項を規定することを検討する必要がある。

## 4　申込拒絶事由

　BtoC-E コマースを行う際、通常、事業者はウェブページを作成・公開し、顧客はこれを自由に閲覧することができる。対面取引とは異なり、商品の閲覧や注文自体を事前に拒むことは困難であり、転売業者と思われる者や過去に迷惑行為を行った者のように、事業者としては本来排除したい者によって注文がなされる場合がある。

　この場合に、事業者が注文を承諾し契約を成立させると、それらの者を契約関係から排除するためには、基本的に契約を解除するしかない。しかしながら、解除は契約締結により確保した相手方の利益を事後的に奪うものであり、転売目的であること等の立証が困難であることを考慮すると、事業者が解除できる場面は限定される可能性がある。例えば、規約において約定解除事由を規定していたとしても、事業者に広範な裁量を認める条項である場合には、不当条項として民法 548 条の 2 第 2 項によりみなし合意の効果が否定される、あるいは消費者契約法 10 条により条項が無効になる可能性がある。また、解除によって事後的に相手方の地位を奪うことになる以上、相手方との間でトラブルになる可能性もある。

　これに対して、契約を締結するか否かは、本来、当事者が自分自身で決

定することができる（契約締結自由の原則）。契約成立前であれば、相手方は契約締結による利益を確保しているとはいえず、契約を締結するか否かの判断において、事業者には、解除の場合よりも広範な裁量が認められると考えられる。また、そもそも契約が成立していない以上、申込者との間でもトラブルになる可能性も解除の場合に比べて低いだろう。

　したがって、規約において、契約成立時期について顧客が注文をした後即座に契約が成立しないような条項を付すとともに（前記**3**）、申込拒絶事由を規定し、当該事由に該当する場合には、注文を承諾しない（すなわち、契約を成立させない）という扱いにすることが望ましい。申込拒絶事由を定める条項の例として、以下のようなものが考えられる。

---

お客様によるお申込みを受けた場合であっても、以下のいずれかに該当する場合には、当社は、お客様からのお申込みをお断りすることがあります。

①本規約違反がある場合

②過去に本規約違反があった場合

③届け先に日本国外の住所を指定した場合

④一度に大量の注文を行った場合

⑤転売を目的としている場合

⑥第三者になりすまして商品の注文を行った場合

⑦ウェブサイトに虚偽の情報を入力するなど当社に対して虚偽の情報を伝えた場合

⑧登録されたメールアドレスに対するメールの配信が不達となった場合

⑨クレジットカード会社の支払承認が受けられないことが明らかとなった場合、クレジットカードの不正利用が発覚した場合又は不正利用の疑いがある場合

⑩上記①から⑨の他、当社がお申込みをお断りする必要があると合理的に判断した場合

---

④及び⑤は、転売目的での購入を拒絶したい多くの事業者にとって関心が高いものである。

　⑦について、対面取引ではないＥコマースにおいては、登録情報によって顧客を管理せざるを得ず、虚偽の情報が登録されると顧客の管理が困難になり、サービスの提供にも支障が生じ得る。実際には、顧客の申込み後、事業者において情報を突合等することにより、虚偽情報が伝えられたことを認識できる場面は多くはないだろうが、申込みを拒絶する余地を残すために、⑦のような規定を設けておくことが望ましい。

　⑩は、事業者に、申込拒絶事由の有無の判断について裁量を認める条項である。一般に、解除事由の有無の判断について裁量を認める場合には10条後段要件を満たすと判断される可能性がある。これに対し、申込みを受けるか否かは自由であり（契約締結自由の原則）、その判断に裁量を認めることで10条後段要件を満たすと判断される可能性は相対的に低いといえよう。もっとも、あまりに広範な裁量となっている場合には、顧客において予測可能性が担保されず、トラブルが生じる可能性は十分にある。したがって、事業者に申込拒絶事由の有無の判断について裁量を認める条項を定める場合、当該条項のほかに申込みを拒絶する事由を具体的に列挙するなどして、事業者の裁量を合理的な範囲に事実上制限することが望ましい。事業者に裁量を認める条項については、後記**11**で詳述する。

## 5　引渡債務や代金支払債務に関する条項

### （1）顧客の債務

　商品売買を内容とするＥコマースの顧客に債務不履行があった場合（例：目的物の引渡後、顧客が振込みの方法で代金を支払う債務を負担しているものの代金を支払わない場合）、事業者としては、顧客に何度か履行を求め、それでも履行されない場合に契約解除や損害賠償請求（遅延損害金の支払請求）等の対応を検討することになる。これらの対応の前提として、規約上、顧客の債務を明確化しておくことが重要であり、特に、顧客による目的物

の代金・送料の支払時期や支払方法等に関して規定が設けられることが多い。

　なお、特商法上、広告において商品の代金の支払時期及び方法を表示する義務があり（同法11条2号）、販売価格に商品の送料が含まれない場合には、送料についても表示する義務がある（同条1号）。このように特商法に基づき表示が義務付けられている事項をまとめて「特定商取引法に基づく表記」といったウェブページで表示することが多い。また、後述のとおり2021年特商法改正に伴い、(a) 販売業者等が定める様式の書面や（b）BtoC-Eコマースで販売業者等が表示する手続により顧客が行う売買契約等の申込みである「特定申込み」（同法12条の6）を受ける際に、当該申込みを受ける「書面」や「手続が表示される映像面」（申込画面）にも上記事項を記載する必要がある（同条1項）。このようなウェブページの内容と規約の内容に齟齬が生じないようにする必要がある。

### （2）事業者の債務

　特商法上は、広告において商品の引渡時期を表示する義務があり（同法11条3号）、BtoC-Eコマースでの顧客の申込みは、「特定申込み」に該当するため、手続が表示される映像面にも商品の引渡時期を表示しなければならない（同法12条の6第1項2号）。規約においても、事業者の債務として商品の引渡時期を定めることがある（例えば、商品の発送時期は契約成立日から〇営業日以内とするといった条項等）。商品ページ等で顧客との間で個別に合意することも可能であるが、規約において定めておくことがわかりやすいだろう。ただし、特商法に基づく表示と当該規約に齟齬がある場合、自己に有利な定めを主張できないおそれがあるので、両者の整合性には留意すべきである。

　規約において事業者の債務について定める際に、事業者の債務に限定を加えることはできるか。当該限定を加える条項の効力が問題になり得る。

#### ア　事業者の債務不履行責任の限定

　まず前提として、以下の条項例のように、事業者の債務不履行責任を免

21

責する規定の効力は認められるか。

> 商品の品切れや配送中のトラブル等によりお客様に生じた損害につい
> て、当社は、いかなる責任も負わないものとします。

　事業者が売買契約に基づき不特定物の引渡債務を負担する場合、原則と
して、顧客の住所地が弁済場所となる（民法484条1項）。事業者が顧客の
住所地で引渡しを行うために配送業者を利用することがあるが、配送業者
による配送途中の商品滅失やトラブルによる遅延等について事業者（売主）
に免責事由（契約及び取引上の社会通念に照らして債務者の責めに帰すること
ができない事由）があるといえない場合、事業者（売主）が債務不履行責
任を負うことになる。この場合に、事業者の債務不履行による損害賠償責
任の全部を免除する条項は、消費者契約法8条1項1号に該当し無効にな
る（事業者の債務不履行による損害賠償責任を免除する条項については、後記
**13**で詳述する）。

　**イ　事業者の債務内容の限定**
　それでは、以下のように、事業者の債務内容自体を限定する場合はどの
ように考えられるか。

> 当社は、配送業者にお客様への配送を委託する際に当該配送業者に商
> 品を引き渡すことをもって、当社の負担する債務を完全に履行したも
> のとします。

　上記条項は、事業者が配送業者への引渡しという債務を負担する旨を定
める一方、顧客の住所地において商品を引き渡すことは債務としていない。
その結果、当該事業者から引渡しを受けた配送業者による配送途中に商品
滅失やトラブルによる遅延等が生じた場合であっても、事業者はそもそも
債務を履行済みであり、債務不履行責任を負わず、上記条項は事業者の債
務不履行による損害賠償責任を免除するものでないことから、消費者契約

法８条１項１号には該当しないとの考え方があるかもしれない。

　しかしながら、顧客としては、自らの行為とは関係なく、事業者側の事情によって一方的に不利益を被る可能性があり、極めて不利な立場に置かれることになる。したがって、このような条項は、不当条項として民法548条の２第２項によりみなし合意の効果が否定される、あるいは消費者契約法10条に該当し無効と判断される可能性が高い。

## 6　所有権移転・危険負担

　Eコマースで商品売買を行う場合は、所有権の移転時期及び危険負担について規定する必要がある。

　民法上、物権の設定及び移転は、当事者の意思表示のみによってその効力を生ずるとされている（民法176条）。不特定物の売買の場合、所有権を留保する特約があるなどの特段の事情がない限り、目的物が特定（民法401条２項）された時点で、買主に所有権が移転する（最判昭和35・6・24民集14巻8号1528頁）。

　しかし、上記は任意規定であるため、当事者の合意によって変更することが可能である。BtoC-Eコマースで商品の売買を行う場合は、引渡時に所有権が移転する旨定めるのが一般的だろう。

　危険負担については、民法改正により、規律が大きく改められた。（現行の）民法では、引渡後に目的物が当事者双方の責めに帰すことができない事由によって滅失等したときは、買主は代金支払いを拒むことができず、目的物の滅失等を理由として、履行の追完請求等をすることができないとされている（民法567条）。引渡しにより売主から買主に危険が移転することとされており、規約においてもこの点を確認しておくことが考えられる。

　所有権移転・危険負担については、以下のような条項例が考えられる。

---

1　商品が当社からお客様に引き渡された時点で、商品の所有権は、当社からお客様に移転するものとします。

---

2 商品の引渡し後に生じた商品の滅失、損傷、変質その他の損害は、当社の帰責事由により生じたものを除き、お客様が負担するものとします。ただし、当社に帰責事由がある場合（故意又は重大な過失がある場合を除く）、当社は、お客様に現実に生じた通常かつ直接の損害（特別損害及び逸失利益等は含まない）に限り責任を負担するものとします。

## 7　返品特約・契約不適合責任

### （1）規定の峻別

#### ア　返品特約（顧客都合の返品）

　特商法に定められた「通信販売」（同法2条2項）では、消費者は、（後述の返品特約の記載がない限り）商品の引渡しを受けた日から起算して8日が経過するまでは、その売買契約の申込みを撤回し、又は契約を解除することができる（同法15条の3第1項本文）。

　ただし、事業者が、広告において「申込みの撤回等についての特約」を適切に表示した場合[13]（インターネット通信販売のような電子消費者契約（電子契約法2条1項）については、最終申込画面において適切に表示することも必要）には、当該特約が優先する。その結果、特約の内容に従って、申込みの撤回や解除の可否及びその条件等が定められる（特商法15条の3第1項ただし書、特商法施行規則16条の3）。

　ここでの「申込みの撤回等についての特約」とは、商品に契約不適合がない場合における申込みの撤回や解除に関する特約（顧客都合の返品に関する特約）であり、「返品特約」と呼ばれることが多い。なお、返品を受け付ける際の送料は顧客負担とする旨が特商法上定められている（特商法15条の3第2項）。

　この返品特約を定める場合、広告及び最終確認画面に表示しなければな

---

13) 顧客にとって見やすい箇所に、明瞭に判読できるように表示する方法その他顧客にとって容易に認識することができるよう表示する必要がある（特商法11条4号、特商法施行規則9条3号）。

らない（特商法11条４号、12条の６第１項２号）。

### イ　契約不適合責任に関する特約

　返品特約とは別物として、契約不適合責任に関する特約がある。民法上、売買契約の目的物に契約不適合があった場合には、売主は債務不履行となり所定の担保責任（契約不適合責任）を負うことになるが（民法562条〜564条）、これは任意規定であり、当事者は、売主の契約不適合責任について、民法の定めとは異なる内容を特約として別途合意することが可能である。

　特商法上の通信販売をする場合に契約不適合責任の特約を定めるときには、当該特約の内容を広告に表示しなければならない（特商法11条５号、特商法施行規則８条５号）。

### ウ　両特約の関係整理

　以上のとおり、返品特約と契約不適合責任の特約は別物であり、商品の返品や交換等について、広告で表示する際には、どちらの特約に関する表示であるのか、あるいは双方を同時に示すものであるのかを明確にする必要がある[14]。この要請は、特商法上の広告における必要的記載事項の表示方法に関するものであるが、顧客との権利関係を明確にするため、返品特約や契約不適合責任の特約を設ける場合には、規約においても、対応関係を明確にする必要がある。

　例えば、返品特約と契約不適合責任の特約の両方を定める場合には、以下のように規定を分けることが考えられる。

> 1　配達時の事故等による破損・汚損等が発生した場合やご注文いただいた商品や数量等との齟齬がある場合など、引き渡した商品の種類、品質又は数量が契約内容に適合しない場合には、商品到着後○か月〔○日〕以内までに当社にご連絡いただいたときに限り、返品・交換を承ります。交換の場合、商品をご返送いただいたのち、速やかに代替商品を発送させていただきます。その際のご返送と代替商品

---

14）特商法通達26頁、返品特約ガイドライン３頁。

の配達にかかる費用は当社負担とします[15]。

2 前項の事由に該当しない、お客様のご都合による商品の返品・交換は、商品未開封であり、かつ、商品到着後〇日以内に当社が別途定める方法によりご連絡いただいたときに限り、可能とします。また、お客様のご都合による返品・交換の場合は、送料をご負担いただきます。

## （2）内容に関する留意点

### ア　返品特約（顧客都合の返品）

返品特約には、（契約不適合の場合を除き）申込みの撤回や解除を認めない旨の特約も含まれると解される[16]。事業者が適切に返品特約を表示した場合には、事業者は、顧客都合による売買契約の申込みの撤回又は解除のうち返品特約で定めた要件を満たさないものに応じる必要はない。

### イ　契約不適合責任に関する特約

これに対して、契約不適合責任については、契約不適合により消費者に生じた解除権を放棄させ、又は事業者にその解除権の有無を決定する権限を付与する条項は無効となる（消費者契約法8条の2）。また、契約不適合を理由とする事業者の損害賠償責任の全てを免除し、又は事業者にその責任の有無若しくは限度を決定する権限を付与する条項は無効となる（消費者契約法8条2項柱書）。ただし、事業者が履行の追完責任又は代金減額責任を負うとされている場合には、損害賠償責任を全て免除していても直ちに無効になることはない（同法8条2項1号）[17]。

また、事業者の契約不適合責任の全てを免除又は事業者に権限を付与する規定までは設けないとしないとしても、その責任の一部を免除したり、

---

15) 本条項は、契約不適合責任のうち、解除及び買主の追完請求権（代替物引渡請求権）について、権利行使期間を制限するものである。損害賠償請求権に関する制限は、別の条項で規定することを想定している。

16) 特商法解説82頁、返品特約ガイドライン2頁。通信販売は、通常、事業者からの不意打ち性を帯びた勧誘行為が観念されず、消費者が積極的に取引に参加する点が考慮されている。なお、顧客が申込みについて錯誤取消しの要件を満たす場合に、当該取消権を制限することは返品特約には含まれない。その旨の定めは、別途、消費者契約法10条に該当し無効であると判断されるおそれがある。

あるいは権利行使の期間や方法等を制限することにより、内容が消費者にとって不当なものになっている場合には、別途条項の拘束力が否定される可能性がある。例えば、民法上、契約不適合責任は、除斥期間として買主が契約不適合を知った時から１年以内にその旨を売主に通知することが必要とされているが（民法566条）、規約において、商品到達後ごく限られた期間内にのみ、契約不適合を理由とする返品・交換等に応じる旨規定されていることがある。商品の性質や顧客の属性等にもよるが、当該期間内に商品を確認し、契約不適合を認識して事業者に通知することが期待できないような場合には、消費者の権利を制限し、信義則に反して消費者の利益を一方的に害するものとして、民法548条の２第２項によりみなし合意の効果が否定される、あるいは消費者契約法10条に該当し条項が無効になる可能性はある。また、他にも、梱包を開封しなければ契約不適合の有無を確認できないにもかかわらず、梱包未開封の場合に限り契約不適合責任を認める条項や、混雑等により電話が繋がらない状態が続くにもかかわらず契約不適合の通知方法を事業者のカスタマーセンターの営業時間内の電話に限定する条項等、不当に顧客による権利行使の機会を制限する場合も同様に解される可能性がある。

　これに対して、例えば、期間経過により、商品の欠陥が、引渡時から存在する契約不適合に起因するものか、それとも引渡後の顧客による保管ミス等に起因するのか判断がつかない場合もある。このような場合には、契約不適合責任の追及期間を制限することに合理性が認められやすくなるし、顧客からの契約不適合責任の追及に対して、迅速かつ適切に対応するため、追及方法を限定することに合理性が認められる場合もあり得る。

　事業者としては、契約不適合責任を制限する条項を規定する場合には、自社で取り扱う商品の性質や想定される契約不適合の内容、顧客の数や属

---

17) 特商法上、広告には法定の事項を表示しなければならない。一定の場合には、一部の事項の表示を省略することができるが（同法11条ただし書）、契約不適合責任を負わない旨の表示は省略することができないと定められている（同法施行規則10条２項ただし書）。もっとも、この規定は、公序良俗等民法の強行規定に違反する場合や消費者契約法の不当条項規定に該当するような場合を許容するものでなく、そのような場合には、たとえ責任を負わない旨の表示をしても当然無効である（特商法解説77頁）。

性をはじめ、諸般の事情を考慮しながら、内容を合理的なものにする必要がある。

　この点に関し、株式会社ビックカメラ（以下「ビックカメラ」という）がインターネット上で運営するウェブサイトについて設けていた利用規約に対する適格消費者団体の申入れ事例を紹介する[18]。

　ビックカメラの利用規約では、商品に初期不良等瑕疵があった場合の対応について、以下のような条項が設けられていた。

> お届けした商品に初期不良等瑕疵があった場合、商品到着後30日以内にご連絡下さい。当社で確認の上、瑕疵があった場合に限り、交換若しくは修理対応いたします。

　特定非営利活動法人消費者支援かながわは、上記条項につき、（改正前）民法所定の債務不履行又は瑕疵担保責任による解除権の行使期間に比して行使期間を著しく短く制限する内容であり、消費者の解除権の行使を不当に制限するものとして、消費者契約法10条により無効である等として条項の削除や文言修正の申入れを行った。

　申入れに対するビックカメラの回答によれば、商品に初期不良等瑕疵があった場合、30日以内に連絡がなければ対応しないという趣旨ではなく、時間が経過するほど初期不良なのか顧客の使用による故障なのかの判定が困難になるという事情等から、会社側で迅速に対応するために早めの連絡をさせるための規定であり、同社としては、実際には、顧客から事情を聴取し、初期不良と判断できる場合には返品を受け付けるという対応をとっていたとのことである[19]。もっとも、初期不良の場合であっても商品到着後30日以内でなければ対応しないとの認識を与える記述であるため、以下のとおり文言を修正したとのことである。

---

18) 消費者庁ウェブサイトの「政策」タブをクリックして表示される「消費者制度」ページから遷移した「公表資料」ページ（2019年9月20日公表）<https://www.caa.go.jp/notice/entry/016574/>

19) 特定非営利活動法人消費者支援かながわのウェブサイト上で公開されている。

> お届けした商品に初期不良等瑕疵があることを発見した場合は、速やかにご連絡ください。

（その後民法改正に伴い、「初期不良等瑕疵があることを発見した場合」は、「初期不良があったとき等契約不適合がある場合」に修正されている。）

　本件では、30日という期間自体が著しく短いかどうかは争われていない模様である。ビックカメラの主な取扱商品である家電製品は、確かに時間が経過するほど初期不良なのか顧客の使用による故障なのかの判定が困難になるという側面はあるかもしれないが、機械の内部の故障など、商品の内容に契約不適合があるか否かを一見して判断できない場合も多く、一定期間商品を使用しなければ、判断できない場合も多い。

　実際に契約不適合責任を制限する条項を規定する場合には、このような具体的な取扱商品の性質も加味して、顧客が、契約不適合を認識して事業者に通知することが期待できるかを検討する必要がある。

## （3）製品保証との関係

　事業者が家電製品などを販売する場合、製品保証を行うことがある。

　製品保証を行う際には、保証書で、事業者から直接商品を購入した者であるか否かを問わず、また事業者の帰責事由の有無を問わず、当該事業者が製造等した商品に不具合が生じた場合に、一定の期間及び一定の条件において、商品の修補や代替品との交換等を行う旨が定められ、当該保証書を商品と一緒に買主に交付することが多い[20]。また、商品の不具合については、商品引渡時から存在する不具合であるか、それとも使用する中で後発的に生じた不具合かを問わないことが多い。

　事業者と、事業者から直接商品を購入した顧客との間における、商品引

---

20）一般的な製品保証は、商品に不具合が生じた場合が想定されている。これとは異なり、商品紛失に際して代替品を支給することを特約するような場合には、（当該商品が目的物の場所を把握できる機能を有するなど民事上の責任の拡張といえるような特別の事情がないときは）一定の偶然の事故によって生ずることのある損害をてん補することを約し保険料を収受する保険の引き受けを行う事業（保険業）を行うものとして、保険業法等との関係で問題が生じる可能性がある。

渡時から存在する不具合についての保証は、契約不適合があった場合に顧客が有する修補請求権や代替物の引渡請求権に関する特則としての意味合いを有する[21]。

　もっとも、契約不適合責任の追及方法としては、修補請求や代替物の引渡請求以外の方法もあり得る（契約解除、損害賠償請求、代金減額請求等）。当該方法の内容や期間、手続について民法の定めと異なる内容を定めたい場合には、製品保証に関する条項と別に、それらの契約不適合責任に関する特則を設ける必要がある。

　商品に不具合がある場合の修補や代替物引渡しについて、保証書を交付しつつ、当該保証書に定める以外には責任を負担しない旨を定める一方で、契約解除等について特則を定める場合の条項のイメージは、以下のとおりである。

---

1　お買い上げいただいた商品に不具合が認められた場合、当社は、保証書に定める期間及び条件に従い[22]、商品の修理又は交換を行います。保証書の定めによらずに商品の修理又は交換を行うことは致しません。

2　お買い上げいただいた商品が契約の内容に適合しない場合、お客様は、商品受領後〇日以内に当社にご連絡いただいたときに限り、契約の解除、損害賠償請求又は代金減額請求を行うことができます。

---

21)　転売等により商品を購入した者との関係について、一般論として、事業者の一方的債務負担行為（単独行為）として保証書の内容に法的拘束力が生じ、事業者は転売等による購入者に対して修補や交換等の債務を負うとの考えが示されている（内田貴『民法Ⅱ　債権各論〔第3版〕』（東京大学出版会、2011）147頁。これに対し、契約責任であるとする見解として、日本弁護士連合会『消費者法講義〔第5版〕』（日本評論社、2018）252頁）。なお、事業者が転売等を禁止している場合、保証書に明確に記載することで、転売等による購入者に対して保証書の内容が及ばない（法的拘束力が生じない）とすることは可能である。

22)　事業者から直接商品を購入した顧客との関係では、保証書に規定された内容次第では、消費者契約法10条に該当する可能性がある。また、保証書に定型約款該当性が認められる場合には、民法548条の2第2項が適用される可能性もある。保証書の定型約款該当性及び不当条項規制との関係については、松尾博憲「利用規約・保証書」Business Law Journal No.134（2019）34頁の解説が参考になる。

**（4）消費者の解除権に関する情報提供努力義務**

　2022年消費者契約法改正法により、消費者から請求があった場合に、契約により定められた消費者の解除権の行使に関して必要な情報を提供する事業者の努力義務が定められた（改正後消費者契約法３条１項４号）。

　例えば、消費者の解除権の手続や要件に限定を加える場合には、消費者の求めに応じて、これらに関する情報を提供する必要がある。もっとも、消費者の解除を巡るトラブルを未然に防ぐためには、消費者の個別の請求を待たずに、ご利用ガイドやヘルプページ等も活用しながら、解除に関する情報をわかりやすく表示するのが適切だろう。

# 8　所有権放棄をみなす条項

　顧客が契約解除等を主張し事業者に対し商品（目的物）を返還する際には、顧客の私物など、当該商品と関係ない物が誤って送られることがある。このような場合に備えて、以下のような条項が規定されることがあるかもしれない。

> お客様が、○条に従い商品の返品又は交換を行おうとする場合に、当該返品又は交換の目的物以外の物（以下「対象外物品」といいます。）を当社に交付したとき、当社は、対象外物品の交付を受けた日から○日間（以下「保管期間」といいます。）、対象外物品を保管するものとします。保管期間内にお客様から対象外物品の返還請求がなかった場合は、保管期間経過をもって、お客様は対象外物品の所有権を放棄したものとみなし、当社は、対象外物品を任意に処分することができるものとします。

　しかし、このような条項は、内容次第では、消費者契約法10条や民法548条の２第２項が適用される可能性がある。

　消費者契約法10条との関係でみると、まず、同条前段要件について、

所有権者の意思によらずに所有権の放棄は認められないことは「一般的な法理」と考えられており[23]、意思擬制により所有権を放棄させることは、任意規定と比べて消費者の権利を制限するものとして、消費者契約法10条の「公の秩序に関しない規定の適用による場合に比して消費者の権利を制限」するものといえる（同条前段要件は満たすと考えられる）。

　次に、10条後段要件についてはどうか。通常、返品対象外物品が送られることについて事業者に帰責事由は認められないだろう。また、事業者が、返品対象外物品を、顧客から返還請求を受けるまで長期間保管し続けなければならない場合、保管スペースや管理の手間などを考慮すると、事業者の負担は相当なものとなるだろう（顧客と連絡が取れない等、返品対象外物品の返還が困難な場合にはその負担は更に大きくなる）。更に、顧客が返品対象であるか否かを確認することは基本的に困難ではない。

　他方、顧客は不注意で自己の私物等を交付してしまう場合が多いと思われ、通常、当該私物等の所有権を放棄する意思はないと考えられる。そうであるにもかかわらず、返品対象外物品の送付をもって所有権放棄の意思を擬制する（みなす）ことは、消費者の合理的意思に反するともいえる。

　これらを踏まえ、信義則に反して「消費者の利益を一方的に害する」（10条後段要件を満たす）と判断されないようにする観点から、顧客に対し当該条項を設けている旨を示し送付前に送付物に誤りがないかを確認する機会を与えるとともに、送付後には返還請求を行う機会を十分に確保することが適切であると考えられる。例えば、顧客が私物等を事業者に交付したことを認識すらしていない場合も多いため、保管期間内に事業者から顧客へ連絡を行う（最低限、登録されたメールアドレスにメールを送信する等）こととし、条項にもその旨明記しておくことが考えられる。また、保管期間が極端に短い場合には、顧客が保管期間内に返還請求を行うことは実質的に不可能であるため、合理的な保管期間を設定する必要がある。

---

23) 逐条解説消費者契約法293頁。

## 9　未成年者の利用の可否や法定代理人の同意

### （1）法定代理人の同意確認の困難性

　事業者が販売する商品によっては、未成年者による購入が多く想定される場合がある。

　民法上、18歳未満の未成年者（同法4条）が法定代理人（親権者又は未成年後見人）の同意を得ないで行った契約の申込みは、原則として取り消すことができる（同法5条1項及び2項）。そのため、事業者が未成年者と契約を締結する際、取消しが認められない例外事由（同法5条3項、6条1項、753条）に該当することが確実でない限り（事業者側で該当性を判断することは困難だろう）、後日取り消されないようにするためには、法定代理人が同意していることを確認する必要がある。

　もっとも、実際のBtoC-Eコマースの取引においては、法定代理人の同席があり得ず、未成年者が法定代理人の同意を得たかどうかを確認することは容易ではない。例えば、契約申込み前に、未成年者に対して「法定代理人の同意を得ています」というチェックボックスにチェックを入れさせたとしても、実際に当該未成年者が法定代理人の同意を得ているかは明らかではない。また、未成年者に対し、法定代理人による同意書を提出させることも考えられるが、実際に法定代理人が作成したかを確認することは困難であるし、このような負担を強いることで、折角の取引機会を喪失してしまうおそれもある。そのため、未成年者と契約を締結する場合には、法定代理人の同意が得られていなかったとして、事後的に契約の効力が否定されるリスクが残る場合が多い。

### （2）未成年者取消しの主張制限の可否

　未成年者が法定代理人の同意を得ないで契約を行ったとしても、未成年者が成年者であると信じさせるため「詐術」を用いて申込みを行った場合には、契約申込みの取消しは認められない（民法21条）。もっとも、訴訟において、この条文を根拠に、契約取消しが否定されるハードルは高い。

最高裁判決において、民法21条（当時は20条）の「詐術を用いたとき」とは、制限行為能力者であることを誤信させるために、相手方に対し積極的術策を用いた場合に限るものではなく、制限行為能力者が普通に人を欺くに足りる言動を用いて相手方の誤信を誘起し、又は誤信を強めた場合をも含んでいると示されている（最一判昭和44年2月13日民集23巻2号291頁）。

　しかし、かかる判断は画一的にできるものではなく、個別の事実に沿って行う必要がある。例えば、準則では、上記判決の調査官解説[24]にも触れながら、事業者のウェブサイトにおいて、利用者が生年月日又は年齢を入力する仕様とし、未成年者が成年者を装って生年月日（又は年齢）を入力したという場合であっても、それをもって直ちに「詐術を用いたとき」に該当するわけではなく、未成年者の年齢、取引の性質や価格、事業者が講じた措置やウェブサイト上の表示等、個別具体的な事情を総合考慮した上で、実質的な観点から判断する必要があるとされており（準則Ⅰ-4の1.(3)）、実務上参考とし得るだろう。

　上記の考え方からすれば、生年月日入力フォームを設置するだけでなく、規約において「未成年者の利用に際しては、法定代理人の同意が必要です」といったような条項を設ける場合、未成年者がそれを無視して契約の申込みを行ったときには、事業者による注意喚起等の事情と相まって、未成年者による「詐術」を基礎付ける一要素になる可能性はある。しかし、当該条項の存在のみをもって、未成年者取消しを不可能にすることは望めない（主に未成年者を対象とする商品を販売するような場合には、生年月日入力フォームへの入力をもって「詐術」であるとは言い難いし、「法定代理人の同意を取得し」というチェックボックスにチェックするだけで「詐術」であると判断される可能性は見込み難い）。

　同様に、規約において「未成年者が本サービスを利用した場合、法定代理人の同意があったものとみなします」といった条項が規定されることがある。しかし、未成年者の保護のため、法定代理人による同意制度を採用している民法の趣旨からすれば、かかる条項を規定するとしても、サービ

---

24）杉田洋一「判解」『最高裁判所判例解説民事編昭和44年（上）』22頁。

ス利用により当然に法定代理人の同意を得たことにはならない。このような条項は、法定代理人による取消権の行使を実質的に否定する規定として、民法548条の2第2項によりみなし合意の効力が否定される、あるいは消費者契約法10条に該当し条項自体が無効になる可能性もある。

### （3）実務上の対応

　以上述べてきたとおり、BtoC-E コマースにて未成年者との取引を行う際には事業者としてとり得る措置に限界があり、取消しを主張されるリスクは残ると言わざるを得ない。ただ、酒やたばこなどのように、未成年者への販売禁止や購入しようとする者への年齢確認が業法や条例において定められているものやゲームソフトの表現内容に基づき、対象年齢等を表示する制度等を除けば、刑事罰や行政処分・行政指導の対象となる問題ではなく、取引の効力に関する問題である。

　事業者としては、対象商品の種類・内容を勘案して、想定される顧客層や取引人数等を踏まえて未成年者との取引を一切排除するのかどうかを検討し、未成年者との取引を排除しない方針を採用する場合には、取消しのリスクやその影響等を踏まえ、法定代理人の同意を確認するための対応をどの程度とるかを検討し判断することとなろう。

## 10　知的財産権

　BtoC-E コマースの規約では、事業者が自己の又は第三者から許諾を受けた知的財産権を、顧客に不当に侵害されないように、知的財産権の帰属について確認する規定を設けるのが一般的である。商品の購入や、ウェブサイトの利用により、顧客が知的財産権を取得又は使用許諾を受けることにはならないことを確認的に定めるものである。

> 当社商品及び本ウェブサイト等に関する全ての知的財産権は当社又は当社にライセンスを許諾している者に帰属します。当社が明示しない

限り、当該知的財産権をお客様が取得し、又はその使用許諾を受けることはありません。

また、BtoC-E コマースの通信販売では、顧客がウェブサイト上に商品のカスタマーレビューを投稿することができる仕様になっていることがある。このようなカスタマーレビューにも著作権が発生することから、当該著作権の取扱いについて、利用規約で定めておくのが有用である。

例えば、画面表示の関係で一部文言を調整する、写真のサイズを変更するといったように、サービス提供に必要な範囲内での形式的な改変を加える場合、「投稿されたレビューについて、サービスの提供に必要な範囲で、変更、切除その他の改変を行うことがある」旨を定めておくとの対応が考えられる。

他方、レビューについて、複製、公衆送信、二次的著作物の作成・利用等する場合には、著作権について譲渡を受けるか、顧客から使用許諾を受ける必要がある。著作権の譲渡については、無償でこれを行おうとする場合には、顧客から反発を受けるおそれがあるため、注意が必要である。顧客から著作権の使用許諾を受ける場合の条項例としては、例えば、以下のようなものが考えられる。

1 お客様は、本サービスに投稿するレビューについて、著作権法上の権利を有していることを保証します。第三者の著作物等を利用して投稿する場合には、お客様の責任と負担において、必要な権利処理を行うものとします。
2 お客様は、レビューの投稿時に、当社に対し、当該レビューを無償、非独占的かつ地域の限定なく利用することを許諾するものとします。また、お客様は、著作者人格権を行使しないものとします。

後述のとおり、自社サイト上に顧客がレビューを投稿することができる仕様を採用する場合は、景品表示法の表示行為主体性が認められる可能性

がある（後記**第３部第４章Ⅱ**。薬機法についても主体性が認められる可能性がある）。当該レビュー内容に著しい問題がある場合に放置すれば、自社に景品表示法や薬機法が適用される可能性があり、積極的に非公開又は削除（仮に削除できない事情がある場合は、法的に問題のない表現とするよう最低限の修正）を行うことが必要と考えられる。この点を踏まえ、レビュー（口コミ）に関し、上記知的財産に関する定めのほか、書込みの内容が法令や公序良俗に反する場合、レビューサービスの趣旨に反する場合、第三者の誹謗中傷に当たる場合等については非公開又は削除の措置をとる可能性がある旨を事前に示しておくことが考えられる。なお、顧客がSNSでレビューを記載する場合には、表示行為主体性は認められないだろう。

## 11　禁止事項

### （1）条項例と検討

　BtoC-Eコマースでは、多数の顧客に対して同種のサービスが広く提供される。サービスを安定して提供し、顧客との間のトラブルを未然に防止するためには、顧客の禁止事項をあらかじめ定めておくことが重要である。また、顧客が禁止事項に該当した場合には、事業者としては、場合に応じ契約解除や損害賠償請求等の対応を検討することもあるが、これらの対応の前提として、規約上、顧客の禁止事項を明確化しておく必要がある。提供しているサービス内容ごとに、想定される行為を網羅的に規定する必要があるが、イメージとしては、以下のような条項である。

> お客様は、以下の行為を行ってはならないものとします。
> ①法令又は本規約に違反する行為
> ②公の秩序又は善良の風俗を害するおそれのある行為
> ③一度に大量の注文を行う行為
> ④転売を目的とした商品の購入
> ⑤第三者になりすまして商品の注文を行う行為

⑥ウェブサイトに虚偽の情報を入力するなど当社に対して虚偽の情報を伝える行為

⑦クレジットカードの不正利用

⑧以下に該当する内容を含む投稿を行うこと

・法令又は公序良俗に反する投稿

・個人情報が含まれる投稿

・当社又は第三者の著作権その他の知的財産権を侵害し又は侵害するおそれのある投稿

・弊社若しくは第三者を誹謗中傷し又は名誉を傷つけるような投稿

・他のサイトや企業に誘導する内容が含まれる投稿

・コンピューターウイルスなど有害なコンピュータープログラムを含む情報

・その他当社が不適切と判断した投稿

⑨当社若しくは第三者に不利益若しくは損害を与える行為又はそのおそれのある行為

⑩上記①から⑨の他、当社が不適切と合理的根拠に基づき合理的に判断する行為

　禁止事項を定めるに当たっては、申込拒絶事由と平仄を合わせることが適切だろう。解除等を前提にした禁止事項に比べて、申込拒絶事由の方が、事業者に広範な裁量が認められると考えられるし（前記**4**）、申込拒絶事由に該当する場合には注文を承諾しない（すなわち、契約を成立させない）という対応を徹底する場合、申込拒絶事由と同内容を禁止事項として定める必要がないように思えるかもしれない。しかし、顧客から申込みを受けた段階では申込拒絶事由該当性の判断がつかず、これを承諾した後に初めて当該該当性が判明することもあり得る。そのような場合に備えて、禁止事項は、排除する必要性が高い顧客を類型化した申込拒絶事由と平仄を合わせることが適切と考えられる。

　上記③及び④は、商品の転売を防ぐため、多くの事業者にとって関心の

高い条項である。この点に関し、商品の転売を防ぐため、上記③及び④の他、商品購入後の譲渡行為を一切禁止するような条項を設けることも考えられる。しかし、購入時には、すぐに転売する目的は有していなかったものの、購入後一定期間経過してから譲渡の意思が生じるということはあり得る。所有権はその内容として、所有物を処分する権利を含むところ（民法206条）、所有権の対象となる商品について、購入後一切の譲渡を禁止することは、対象商品の種類等状況次第では、消費者の所有権に対し大きな不利益を与える可能性がある。また、一律に商品購入後の譲渡を一切禁止する合理的な理由は一般的には見出し難い。したがって、そのような条項は、民法548条の２第２項によりみなし合意の効力が否定される、あるいは消費者契約法10条に該当し条項が無効と判断される可能性がある。ただし、対象商品の販売数が限られオークションサイト等で高額で転売されるおそれが高いような場合に、当該転売可能性を可能な限り排除し多くの消費者が適正な価格で購入できるよう譲渡禁止条項を付すことには合理性があるといえるのではないか。その場合には、実務上、消費者に対し当該条項を付していることを明確に示し適切に注意喚起することで、民法548の２第２項や消費者契約法10条により効力を否定される可能性を更に低減することが重要である。

　カスタマーレビューの投稿を受け付ける場合には、上記⑧のように、禁止される投稿内容を明記しておく必要がある。売買契約に関する権利関係とは異なる内容であるので、ショッピング規約とは別に定めてもよいが、他方、不適切なレビュー（口コミ）を掲載するユーザーの会員資格やサイト利用停止を行う必要があることから、会員規約に定めることが適切だろう。

　また、上記⑩のように、利用者の禁止事項を抽象的に定め、当該要件該当性の判断の裁量を事業者に付与するような条項は、民法548条の２第２項によりみなし合意の効力が否定される、あるいは消費者契約法10条に該当し当該条項が無効と判断される可能性がある[25]。事業者に裁量を認める条項の有効性の判断に際しては、契約の内容や性質、事業者に対する裁

量付与の趣旨、裁量の範囲、顧客に生じる不利益、顧客の予測可能性など諸般の事情が総合的に考慮されることになると考えられるが、事業者としては、条項が無効と判断されるリスクを減らすために、できる限り顧客の予測可能性を高め、事業者の裁量行使を合理的範囲にとどめるような条項にする必要がある。その上で、当該条項の運用方法にも注意する必要があるだろう。この点は、後記 **(2)** において改めて解説する。

### (2) 抽象的禁止、裁量権付与条項に関する裁判例（モバゲー事件）

　利用者の禁止事項を抽象的に定め、当該要件該当性の判断の裁量を事業者に付与するような条項に関しては、東京高判令和 2 年 11 月 5 日（令和 2 年（ネ）第 1093 号・令和 2 年（ネ）第 2358 号）が参考になる。

　事案は、適格消費者団体である特定非営利活動法人埼玉消費者被害をなくす会が、ポータルサイト「モバゲー」を運営する株式会社ディー・エヌ・エー（以下「ディー・エヌ・エー」という）に対して、消費者契約法 12 条 3 項に基づき、モバゲー会員規約における「当社の措置によりモバゲー会員に損害が生じても、当社は、一切損害を賠償しません」という免責条項等を含む契約の申込み又は承諾の意思表示の停止等を求めたというものである。モバゲー会員規約には、以下のような条項が規定されていた。

---

7 条（モバゲー会員規約の違反等について）

1 項　モバゲー会員が以下の各号に該当した場合、当社は、当社の定める期間、本サービスの利用を認めないこと、又は、モバゲー会員の会員資格を取り消すことができるものとします。ただし、この場合も当社が受領した料金を返還しません。

a 会員登録申込みの際の個人情報登録、及びモバゲー会員となった後の個人情報変更において、その内容に虚偽や不正があった場合、又は重複した会員登録があった場合

---

25）逐条解説消費者契約法 298 頁でも、消費者の権利又は義務を定める任意規定の要件に該当するか否かを決定する権限を事業者に付与する条項には、個別の事案によるものの、消費者契約法 10 条の規定の要件を満たし、無効となるものがあるとされている。

　ｂ　本サービスを利用せずに１年以上が経過した場合

　ｃ　他のモバゲー会員に不当に迷惑をかけたと当社が［合理的に］判断
　　　した場合

　ｄ　本規約及び個別規約に違反した場合

　ｅ　その他、モバゲー会員として不適切であると当社が［合理的に］判
　　　断した場合

２項　（省略）

３項　当社の措置によりモバゲー会員に損害が生じても、当社は、一
　　　切損害を賠償しません。

（※［　］部分は、一審判決後にディー・エヌ・エーが規約変更により追加した文言）


　本件において、ディー・エヌ・エーは、モバゲー会員規約７条１項各号
に定める禁止事項に該当する場合に、モバゲーサービスの利用停止措置又
は会員資格取消措置（以下「会員資格取消措置等」という）を行うことでき
ると定め、当該禁止事項について、「他のモバゲー会員に不当に迷惑をか
けた」（同項ｃ号）、「モバゲー会員として不適切」（同項ｅ号）のように抽
象的に定めていた（抽象的禁止）。また、同項ｃ号及びｅ号は、「と当社が
合理的に判断した場合」という文言が付されており、当該禁止事項該当性
判断の裁量をディー・エヌ・エーに付与するものであった（裁量権付与）。
その上で、モバゲー会員規約７条３項は、当該判断に伴う会員資格取消措
置等について、ディー・エヌ・エーは一切損害を賠償しない旨を定めてい
た（違反に対する措置についての不賠償条項）。

　これらを前提に、本件では、モバゲー会員規約７条３項につき、債務不
履行又は債務の履行に際しなされた不法行為（以下「債務不履行等」という）
による損害賠償責任を全部免除する条項に当たるか（消費者契約法８条１
項１号及び３号に該当するか）が問題となり、その判断に際し、本件規約７
条１項ｃ号及びｅ号に基づく会員資格取消措置等が債務不履行等に該当す
ることがあり得るかが争点となった。

　ディー・エヌ・エーは、本件規約７条１項ｃ号及びｅ号による会員資格

取消措置等が債務不履行等に該当することはなく、それゆえ同条3項は当該措置等により損害賠償責任を負担することがないことを確認する規定にすぎない旨主張した。

　一審は、モバゲー会員規約7条3項は、消費者契約法8条1項1号及び3号に該当するとして、差止めを認めた。本判決は、基本的に一審判決を維持し、以下のような判断の下、モバゲー会員規約7条3項は、消費者契約法8条1項1号及び3号に該当し無効であると判示した。

---

モバゲー会員規約7条1項c号

「c号の『他のモバゲー会員に不当に迷惑をかけた』という要件は、その文言自体が、客観的な意味内容を抽出し難いものであり、その該当性を肯定する根拠となり得る事情や、それに当たるとされる例が本件規約中に置かれていないことと相俟って、それに続く『と当社が合理的に判断した場合』という要件の『合理的な判断』の意味内容は、著しく明確性を欠くと言わざるを得ない。すなわち、控訴人（※ディー・エヌ・エー）は、上記の『合理的な判断』を行うに当たって極めて広い裁量を有し、客観的には合理性がなく会員に対する不法行為又は債務不履行を構成するような会員資格取消措置等を『合理的な判断』であるとして行う可能性が十分にあり得るが、会員である消費者において、訴訟等において事後的に客観的な判断がされた場合は格別、当該措置が『合理的な判断』に基づかないものであるか否かを明確に判断することは著しく困難である。」

モバゲー会員規約7条1項e号

「e号の、『その他、モバゲー会員として不適切であると当社が合理的に判断した場合』との要件であるが、同号の前に規定されているa、b及びd号はその内容が比較的明確であり、裁量判断を伴う条項ではないのに対し、e号については、『その他』との文言によりc号を含む各号と並列的な関係にある要件として規定されつつも、c号と同じ

---

『合理的に判断した場合』との文言が用いられていることから、c号の解釈について認められる上記の不明確性を承継するものとなっている」

モバゲー会員規約７条３項
「本件規約７条３項には、単に『当社の措置により』との文言が用いられ、それ以上の限定が付されていないところ、前記説示したとおり、会員において、同条１項c号及びe号該当性につき明確に判断することは、極めて困難である。さらに、同条３項が『一切損害を賠償しません。』と例外を認めていないことも併せ考慮すると、同項については、契約当事者（控訴人及び会員）の行為規範として、控訴人が不法行為等に基づく損害賠償責任を負わない場合について確認的に規定したものと解することは困難である。」
「モバゲー会員からは、全国消費生活情報ネットワークシステムに対し、被告によりモバゲーサイト上のゲームの利用の一部を停止されたが、被告に問い合わせても理由の説明がされず、かつ、すでに支払った利用料金２万円の返金を拒まれているなどの相談が複数されていることが認められ、また、会員資格取消措置等の判断根拠について会員に通知又説明をしていないところ、利用停止措置をとる場合のモバゲー会員に対するこのような対応ぶりに照らすと、被告は、上記のような文言の修正をせずにその不明確さを残しつつ、当該条項を自己に有利な解釈に依拠して運用しているとの疑いを払拭できないところである。」
「したがって、法12条３項の適用上、本件規約７条３項は、同条１項c号又はe号との関係において、その文言から読み取ることができる意味内容が、著しく明確性を欠き、契約の履行などの場面においては複数の解釈の可能性が認められるところ、被告は、当該条項につき自己に有利な解釈に依拠して運用していることがうかがわれ、それにより、同条３項が、免責条項として機能することになると認められる。」

本判決では、モバゲー会員規約7条1項c号及びe号自体の有効性が判断されたわけではない。これらの条項が明確性を欠き、会員資格取消措置等が債務不履行等に該当する可能性があることから、モバゲー会員規約7条3項は、損害賠償責任の全部を免責するものとして、消費者契約法8条1項1号及び3号に該当すると判断された。本判決では、一部ユーザーが利用停止処分を受けた際に理由を説明されず、返金を拒まれた、あるいは会員資格取消措置等の判断根拠について通知又は説明を受けられなかったという実際の運用に関する事情が考慮されており、本件のモバゲー会員規約7条3項のような違反措置不賠償条項が常に無効になるわけではないと解される。もっとも、抽象的禁止と裁量権付与条項と共に、当該裁量に基づくユーザーに対する措置に関する不賠償条項を定める場合、運用面次第では無効と判断される可能性があるため、それらを一体的に規定することは控えることが望ましい。

　また、仮にモバゲー会員規約7条3項のような条項を定めないとしても、モバゲー会員規約7条1項c号及びe号のように、抽象的禁止と裁量権付与条項を共に定める場合、消費者契約法10条該当性は別途問題となり得る。

　しかし、インターネットを用いたサービスの提供では、日々技術が進化し、利用者による迷惑行為や不適切行為も多岐にわたる。あらかじめ利用者の迷惑行為や不適切な行為等を限定することは困難であり、限定した条項では実効性に欠ける場合も多い。また、インターネット上のサービスの提供においては、一部の利用者の行為により、他の利用者の利益が害される場合や、セキュリティー上の問題により、サービスの安定した供給に影響が及ぶ場合もあり得ることから、事業者に一次的な判断権を認め、トラブルに対して迅速に対応できるようにしておく必要性は高い。本書の主な検討対象である商品の売買を目的とするBtoC-Eコマースにおいても、例えば虚偽の口コミを意図的に掲載するなど他の利用者の利益が害される行為を発見した場合に速やかに排除する必要があるといった点では、インターネット上のサービス提供に関する上記事情と共通する部分はあるだろ

う。

　消費者契約法 10 条該当性の判断に際しては、契約の内容や性質、事業者に対する裁量付与の趣旨（必要性）、裁量の範囲、利用者に生じる不利益の有無や程度、利用者の予測可能性など諸般の事情が総合的に考慮されるべきであり、利用者に生じる不利益として、実際の規約の運用状況も勘案されると考えられる。利用者の予測可能性に配慮した条項とし、実際の条項の運用面にも注意すれば、必ずしも消費者契約法 10 条に該当し無効と判断されるリスクは高いとまではいえないのではないか。

　例えば、利用者の予測可能性を高める方法として、条項該当例を明示することは考えられる。本件のモバゲー会員規約 7 条 1 項 c 号の「他のモバゲー会員に不当に迷惑をかけた」という要件については、他の会員に対する迷惑行為の例を明示することも可能だろう[26]（ただし、例示により、当該バスケット条項の適用場面が狭まる可能性はあるのでバランスには注意が必要である）。

　また、上記のとおり規約の運用状況も勘案されることから、運用面にも注意すべきである。まず、抽象的禁止と裁量権付与を共に定める条項に該当することを理由に会員資格取消措置等を行う場面は、真に必要な場面に限定することが重要である。このことを示すために、規約の条項は、「……と当社が合理的な根拠に基づき合理的に判断した場合」といった内容にし、適用場面を事業者自ら限定することが考えられる。また、会員資格取消措置等を行う前に、会員に対して措置の理由を明示の上事前通知を行い、会員に異議申立ての機会を与えることも考えられる。

　このように、抽象的禁止と裁量権付与を共に定める場合には、運用面に注意することが重要となる。

---

26) 例えば、「他の会員へのつきまとい（仮想空間内でのつきまといを含む。）、大量のメッセージの送信、暴言、不快な画像や動画の送信、名誉棄損行為、ゲーム進行の妨害等の迷惑行為を行った場合」といった条項が考えられる（吉川翔子「東京高判令 2.11.5 をふまえた利用規約の留意点」ビジネス法務 2021 年 3 月号 95 頁）。

## 12　事業者による契約の解除

　事業者は、顧客に債務不履行がある場合、民法に基づき契約を解除することができる（民法 541 条及び 542 条）。もっとも、あらかじめ解除事由及び解除手続を規約に定めることで、契約の継続が困難となるような事由が発生した場合に、契約を速やかに解除することができる。また、解除事由及び解除手続を事前に示すことにより、顧客とのトラブルを未然に防ぐという効果もある。

　例えば、以下のような条項を規定することが考えられる。

---

お客様が以下のいずれかに該当する場合、当社は、お客様に対する催告を要することなく、お客様との間の契約を解除することができます。ただし、③、④に該当する場合には、当社は、お客様に対して是正を催告し、それに対してお客様が〇日以内に是正しない場合に限り、契約を解除することができるものとします。

①本規約違反がある場合〔具体的に、どの条項に違反した場合に無催告解除が可能になるのか列挙する〕

②登録されたメールアドレスに対するメールの配信が不達となった場合

③クレジットカード会社の支払承認が受けられないことが明らかとなった場合

④お客様がご注文の際に指定された宛先に本商品の配達を行ったにもかかわらず、宛先不明・不在等の理由により、当社の発送から〇日以内に商品の引渡しが完了できない場合

⑤当社の通販事業の運営を妨げ、サービスの提供に支障をきたすおそれのある場合

---

　顧客による債務不履行の内容次第ではあるが、事業者として、損害の発生・拡大等を回避するために、問題のある顧客との契約を迅速に解除すべ

き場合があり、その場合に備え、規約において無催告解除について定めることがある。

　民法 541 条の定める履行の催告は、債務者に債務不履行があったことを気付かせ、契約が解除される前に履行の機会を与える機能を有するものであり、重要である。他方、改正民法下では、催告により改めて債務者に履行の機会を与えても、もはや契約目的は達成されず意味がない場合として、民法 542 条 1 項 1 号～ 5 号が列挙され、これらの事由に該当する場合には、催告なく解除をすることができるとされている。

　規約において、民法 542 条 1 項 1 号～ 5 号の定める事由に加えて事業者の無催告解除事由を定めることは、任意規定と比べて消費者の権利を制限するものといえ、消費者契約法 10 条の「公の秩序に関しない規定の適用による場合に比して消費者の権利を制限」するものといえる（10 条前段要件は満たす）。

　それでは、10 条後段要件についてはどうか。この点については、解除事由の内容、無催告解除を行う必要性、解除により顧客に生じる不利益の大小を勘案して検討する必要がある[27]。

　例えば、解除事由の内容が、是正が期待できないものである場合には、無催告解除を許容する一要素となる。また、解除事由に該当する状態が続く場合に事業者や他の利用者に不利益が生じる又は当該不利益が拡大するような場合には、無催告解除を行う必要性が高いといえ、無催告解除が認められやすくなるだろう。具体的に、いたずらや転売目的の下で不当に大量の注文を行い、他の利用者の購入機会を奪うような者に対しては、無催

---

27）逐条解説消費者契約法 296 頁では、民法 541 条により、相当の期間を定めた履行の催告をした上で解除をすることとされている場面について、特に正当な理由もなく、消費者の債務不履行の場合に事業者が相当の期間を定めた催告なしに解除することができるとする条項については、無効とすべきとされている。「正当な理由」がある場合には別途検討する余地があることを念頭に置いているものと解される。

　　最二判平成 24 年 3 月 16 日民集 66 巻 5 号 2216 頁は、保険料の払込みがされない場合に、その回数にかかわらず、履行の催告なしに一定期間経過後に保険契約が失効する旨を定める約款の条項（失効条項）について、当該期間が一般的な催告期間よりも長い 1 か月間とされている等一定の配慮がなされていることを踏まえ、保険会社において督促をする運用を確実にした上で当該失効条項を適用していることが認められる場合には、当該失効条項は信義則に反して消費者の利益を一方的に害するものには当たらない旨の判断を行っている。

告解除により早急に契約を解除する必要性が認められよう。

　他方、BtoC-E コマースにおいて、継続的なサービスでなく個別に不特定物の売買契約を行う場合には、顧客としては無催告で解除されても新たに別途契約をすれば足りるとも思えるが、新たに自ら購入する等の手続が必要であり、不利益は小さくはないように思われる。更に、例えば顧客が購入しようとしている商品が期間・数量限定商品である場合に契約を解除すれば、当該顧客は同一の商品を購入する機会を失うことになる。このように、解除により顧客が受ける不利益が大きい場合には、顧客が不当行為を行っていないことを前提として、顧客に対して違反是正の機会を与えるべく、催告が求められる可能性がある。

　これらを踏まえ、信義則に反して「消費者の利益を一方的に害する」ものであり、10 条後段要件を満たすと判断される場合には、民法 548 条の 2 第 2 項によりみなし合意の効力が否定される可能性もある。

　以上から、事業者としては、自社の商品やビジネス内容等に鑑み、解除事由及び解除手続について規約に規定する必要がある。条項例①について、かっこ書を付しているように、具体的に、どの条項に違反した場合に無催告解除が可能になるのか列挙することが適切であると考えられる（支払期日を数日徒過したというだけで無催告解除を行い得る定めについては、理論上消費者契約法 10 条に該当し無効と判断される可能性が高い）。無催告解除を認める条項違反を列挙しない場合であっても、緊急の必要性がないときには、実務上の運用として、支障がない限り催告を行った上で解除すべきである。

## 13　事業者の損害賠償責任の免除

### （1）損害賠償責任を免除する条項全般

　商品売買を内容とする BtoC-E コマースでは、商品が不特定多数の顧客に対して幅広く販売されることが多い。そのため、仮に、多くの顧客に損害が生じた際、当該損害について事業者が全て損害賠償責任を負うとすると、その額や対応コストは大きなものとなる可能性がある。そこで、規約

において、事業者の損害賠償責任を制限する条項を設けるのが一般的である。

　もっとも、不当に事業者の損害賠償責任を制限する条項は、消費者契約法上無効と判断される可能性がある。まず、①消費者契約法8条1項1号及び3号は、事業者の債務不履行又は（債務の履行に関してなされた）不法行為により消費者に生じた損害の賠償責任の全部を免除する条項や、事業者に当該賠償責任の有無の決定権限を付与する条項を無効とする。また、②消費者契約法8条1項2号及び4号は、事業者の故意又は重過失に起因する債務不履行又は不法行為により消費者に生じた損害の賠償責任の一部を免除する条項や、事業者に当該賠償責任の限度の決定権限を付与する条項を無効としている。

　ただし、商品の品質等に関する契約不適合時の損害賠償責任に関しては、全部免責条項や責任の有無を決定する権限付与条項、故意重過失の場合の一部免責条項や責任の限度を決定する権限付与条項を定める場合であっても、事業者が損害賠償に替えて追完や代金減額責任を負担する旨を定めるときは、当該条項は無効とされない（消費者契約法8条2項1号）。

　2022年消費者契約法改正法により、事業者の債務不履行又は不法行為により消費者に生じた損害の賠償責任の一部を免除する条項であり、当該条項において事業者の重大な過失を除く過失による行為にのみ適用されることを明らかにしていないものは、無効とされた（改正後消費者契約法8条3項）。この点については、後記 **19** で述べる。

### ア　責任の全部を免除する条項

　消費者契約法8条1項1号及び3号について、（A）事業者の主観的態様を問わずに事業者がおよそ一切の責任を負わない旨の条項が適用対象となることには争いがない（例：「当社はお客様に生じた損害の賠償責任は一切負いません」）。これに対し、（B）事業者の一定の主観的態様における損害賠償責任を免除する条項であっても同項1号又は3号の適用対象となるのか（例：事業者の軽過失に基づく損害賠償責任を全部免除する条項）、最近になるまで裁判例等が存在せず[28]、「責任の全部を免除」の意味する内容と

ともに問題となる場合があった。

　この点について争われた事案として、東京高判平成 29 年 1 月 18 日判時 2356 号 121 頁がある。第三者による電子マネー「Edy」の不正利用時における、電子マネー事業者である楽天 Edy 株式会社（以下「楽天 Edy」という）及びクレジットカード会社の責任の有無が問題となったが、その中で、楽天 Edy の損害賠償責任を免除する以下の条項の消費者契約法 8 条 1 項 3 号該当性について判断が示された。

---

楽天 Edy サービス登録会員規約
第 10 条（登録携帯電話及びパスワード管理）
4 項　登録会員によるパスワードの管理又は誤用に関連又は起因して
　　生じた登録会員の損害（第三者によるパスワードの使用に関連又は
　　起因する損害を含む。）は、当該登録会員自身が負担するものとし、
　　楽天 Edy はいかなる責任も負わない。ただし、楽天 Edy は、第三
　　者によるパスワードの不正使用が楽天 Edy の故意又は重過失に起
　　因する場合に限り、当該不正使用に起因して生じた登録会員の損害
　　を賠償する。


楽天 Edy サービス利用約款
第 10 条（登録携帯電話の紛失、盗難等）
　　登録携帯電話の紛失、盗難その他の事由により登録携帯電話に記録
　　された未使用の本件電子マネーが紛失し、又は第三者に不正使用さ
　　れたことにより損害が生じた場合であっても、楽天 Edy の故意又
　　は重過失による場合を除き、楽天 Edy はその責任を負わない。

---

　上記条項について、楽天 Edy は、楽天 Edy の故意又は重過失の場合を

---

28）逐条解説消費者契約法 244 頁は、責任の「全部を免除する」場合について、「いかなる理由があっても一切損害賠償責任を負わない」、「事業者に責に帰すべき事由があっても一切責任を負わない」、「事業者に故意又は重過失があっても一切責任を負わない」のように本文記載の（A）の例を挙げるにとどまり、（B）の条項の有効性については言及していない。

免責対象から除いており、消費者契約法8条1項3号にいう「責任の全部を免除する条項」に当たらない旨主張した。

これに対し、裁判所は、消費者契約法8条1項4号との対比から当該楽天Edyの主張は失当であるとし、上記条項は、楽天Edyの軽過失による不法行為責任を全部免除しているものであり、同項3号に当たると判断した。同項4号は、故意又は重過失がない場合に限り一部の免責条項を定められるとしているので、同項4号とのバランスも踏まえると、上記のように解することは自然だろう。

条文の適用関係を整理すると、次のようになる（商品の品質等に関する契約不適合時の損害賠償責任に関しては、事業者が損害賠償に替えて追完や代金減額責任を負担する旨を定めていない場合を前提とする）。

・事業者に故意又は重過失がある場合には、損害賠償責任の一部免除であっても、消費者契約法8条1項2号又は4号に該当し無効である。
・事業者の軽過失に基づく損害賠償責任の全部を免除する条項は、同法8条1項1号又は3号に該当し無効である。
・事業者の軽過失に基づく損害賠償責任の一部を免除する条項は、同法8条には該当せず、原則有効である（別途具体的な事情により同法10条の問題は生じ得る）。

**イ　責任の一部を免除する条項**

責任の一部の免除とは、損害賠償の額に上限を設けるなど、その範囲を制限することを意味する。典型例としては、「損害賠償額の上限は、○○円とする」、「損害賠償額の上限は、商品の販売価格とする」、「事業者は、顧客に現実に生じた通常かつ直接の損害の範囲で責任を負う」といったものである。

これらを踏まえた免責条項の例としては、以下のようなものが考えられる。

> お客様に損害が生じた場合、当社は、当社に故意又は過失があった場合を除き、当該損害について責任を負いません。ただし、当社に過失（重過失を除く）がある場合、当社は、お客様に現実に生じた通常かつ直接の範囲の損害に限り責任を負うものとします。

### （2）無効となる範囲

　実務上は、事業者の主観的態様を問わず、一律に事業者の責任の一部を免除する条項が規定されることが多い。例えば、以下のような条項である。

> お客様に損害が生じた場合、当社は、該当商品の代金額を上限として損害賠償責任を負います。

　上記条項は、事業者の故意又は重過失がある場合にも責任を免除するものであり、消費者契約法8条1項2号又は4号に該当し無効である。この場合、故意又は重過失の場合の免除部分だけが同号により無効になるのか（軽過失の場合に一部免除する限りでは有効なのか）、それとも、軽過失の場合の一部免除も含めて条項全体が無効になるのか（その結果、軽過失の場合であっても責任を免除されないのか）が問題とされてきた。
　この点については、正面から判断した裁判例は存在せず、学説上も議論は決着していなかった[29]。もっとも、2022年消費者契約法改正法により、事業者の損害賠償責任の一部を免除する条項であり、当該条項が事業者の重大な過失を除く過失の場合に限り適用されることを明らかにしていないものは無効とされたことを踏まえると（改正後消費者契約法8条3項）、今後は、同項により、軽過失の場合の一部免除も含めて条項全体が無効にな

---

29) 逐条解説消費者契約法247〜248頁は、事業者の主観的態様を問わず、一律に事業者の責任の一部を免除する条項について、債務不履行が当該事業者等の故意又は重過失によるものである場合には、その限りにおいて無効になるとする。これに対し、日本弁護士連合会消費者問題対策委員会編『コンメンタール消費者契約法〔第2版増補版〕』（商事法務、2015）147頁は、消費者契約法9条は一部無効を明確に規定するところ、同法8条には無効に対する限定がないことや、できるだけ適正な条項の作成を業者に促すために、条項全体が無効になると解すべきとする。

ると解される。

　事業者の中には、顧客からのクレームの抑止力を期待して、あえて事業者の主体的態様を問わず一律に事業者の責任の一部を免除する条項を規定している場合もあるかもしれないが、上記の法改正を踏まえ、事業者の主観的態様を問わない一部免除条項の規定は避けるべきである。

## （3）人身損害の賠償責任等を免除する条項

　上記（1）のとおり、軽過失の場合に損害賠償責任の一部を免除する条項は、消費者契約法 8 条は適用されず原則有効となる。もっとも、責任の一部を免除することにより、信義則に反して消費者の利益を一方的に害する場合には、消費者契約法 10 条に該当し無効と判断される、あるいは民法 548 条の 2 第 2 項によりみなし合意の効果が否定される可能性がある。典型的には、事業者が販売した商品により顧客の生命又は身体に損害が生じ得るような場合に、事業者の軽過失に基づく損害賠償責任を大きく制限するような条項は、生命又は身体の法益として重要性に照らし、消費者契約法 10 条や民法 548 条の 2 第 2 項が適用される可能性がある[30]。このような人身損害に関する事業者の損害賠償責任の一部を免除する条項の有効

---

30）消費者契約法 10 条の適用可能性については、逐条解説消費者契約法 297 頁参照。

　札幌高判平成 28 年 5 月 20 日判時 2314 号 40 頁では、ファウルボールに起因する損害について、①主催者等の帰責事由がない限り一切責任を負わない旨の全部免責条項、②主催者等の故意又は重過失に起因する場合を除き、主催者等が負担する損害賠償の範囲は治療費等の直接損害に限定される（逸失利益その他の間接損害及び特別損害は含まない）とする一部免責条項の効力について判断が示された。

　まず①について、「免責条項による法的効果を主張するためには、観客……において、当該条項を現実に了解しているか、仮に具体的な了解はないとしても、了解があったものと推定すべき具体的な状況があったことが必要であるところ、本件においてはかかる状況は認められない」として、合意の成立が否定された（定型約款に関する規定が存在しなかった時代における判断であり、現時点では異なる判断はある）。また、仮に合意が成立しているとしても、本件では主催者に帰責事由があり免責の対象とならないと示された。

　更に、②について、「ある程度の幅をもって賠償額を予測することは困難ではなく、損害保険又は傷害保険を利用することによる対応も考えられることからすれば、このような対応がないまま上記の条項が本件事故についてまで適用されるとすることは、消費者契約法 10 条により無効である疑い」があると示された。札幌高判による②一部免責条項と消費者契約法 10 条との関係は傍論ではあるが、裁判例の流れに照らし特異な判断をしているものとは言い難い。そのため、被害が重大である等本件と同様の事案が生じた場合には、別の裁判所においても同様の判断がされる可能性がある。

性の判断に当たっては、契約の内容や性質、想定される人身損害の内容、免除の範囲及び必要性及び消費者によるリスクの引受の有無等の事情が勘案されると考えられる。

　なお、事業者が製造物責任法上の「製造業者」に該当する場合には、同法に基づき損害賠償責任を負う可能性がある（製造物責任法3条）。この場合、仮に規約において製造物責任に関する免責条項を設けたとしても、その効力は、自己の直接の取引相手以外の者には及ばない。また、自己の直接の取引相手との関係でも、製造物責任法に基づく損害賠償責任を制限又は免除する条項は、公序良俗に反し無効であると解される場合が多く、少なくとも人身損害に関する免責条項は、一律に無効になると解されている[31]。

## 14　不正利用者に対する違約金等の予定

　商品売買を内容とする BtoC-E コマースでは、対面での取引ではないこともあり、いたずら等の不正な目的で注文がされることがある。例えば、代金引換で大量に注文しておきながら、商品の受領を拒否するというようなケースである。そこで、このような不正利用に備えて、利用者に一定の金銭の支払いを請求する旨の条項を設けることがある（不正利用者に対してどのように請求をするかという実効性の問題はあるが、威嚇の意味を込めて条項を設ける場合が多いとだろう）。例えば、以下のような条項である。

> お客様が、正当な理由なく配送業者の保管期間を超えて商品をお受け取りいただけない場合には、契約を解除し、往復送料及び事務手数料をお支払いいただきます。

　また、以下のように、具体的な金額を明示した条項を設けることもある。

---

31) 消費者庁消費者安全課編『逐条解説製造物責任法〔第2版〕』（商事法務、2018）138 頁。

> お客様が、正当な理由なく配送業者の保管期間を超えて商品をお受け取りいただけない場合には、契約を解除し、往復送料及び事務手数料として一律 3,000 円をお支払いいただきます。

　このような場合には、明示する金額について注意が必要である。消費者契約法９条１項は、契約の解除に伴う損害賠償の額又は違約金（以下「違約金等」という）を定める条項について、解除の事由、時期等の区分に応じ、当該契約と同種の契約の解除に伴い事業者に生ずべき平均的な損害の額を超える違約金等を定めるものは、平均的な損害の額を超える部分が無効であるとする。

　上記の例では、事業者に生じる平均的な損害の額が 3,000 円を下回る場合には、顧客の 3,000 円の支払義務を定める条項のうち平均的な損害の額を超える部分は無効となる。

　また、解除するか否かにかかわらず、違約金等の支払義務を定める条項については、消費者契約法９条１項は適用されないが、同法 10 条や民法 548 条の２第２項により条項の拘束力が否定される可能性はある。

　以上により、不正利用者に対して具体的な金額を明示して支払義務を定める条項を規定する場合には、事業者に生じる平均的な損害の額を超えることがないよう注意する必要がある。

　2022 年消費者契約法改正法により、事業者が消費者に対して違約金等を定める条項に基づいて実際に支払いを請求する場合において、消費者から説明を求められたときは、違約金等の算定根拠の概要を説明する努力義務が定められた（改正後消費者契約法９条２項）。「算定根拠の概要」が意味する内容は必ずしも明らかではないが、消費者契約法報告書では、どのような考慮要素及び算定基準に従って「平均的な損害」を算定し、違約金が当該「平均的な損害」の額を下回っていると考えたかについて、その概要を説明することが考えられ、営業秘密に該当する可能性がある以上、具体的な金額については説明を求められないとされている[32]。また、消費者が、違約金等の合理的根拠そのものの説明を求める場合には、事業者において、

違約金等を定めるに当たって考慮した要素や算定の基準の概要、違約金等の考え方等をもって、違約金等の合理性を説明することが考えられるとされている（消費者契約法報告書 14 頁）。

また、適格消費者団体は、違約金等の額が平均的な損害額を超えると疑うに足りる相当な理由があるときは、事業者に対してその理由を示して、違約金等の算定根拠を説明するよう要請することができる（改正後消費者契約法 12 条の 4 第 1 項）。事業者は、算定根拠に営業秘密が含まれる場合その他の正当な理由がある場合を除き、適格消費者団体の要請に応じる努力義務を負う（同条 2 項）。

事業者が負うこれらの義務は努力義務にすぎないものの、対応しない場合には当該努力義務に対応していない等公表されることが予想される。事業者としては、本改正前から、違約金等に関する条項を定める場合には、自ら「平均的な損害」を算定し当該「平均的な損害」を下回るか否か等を確認しているはずだが、今後は、説明が求められる場合があることを踏まえ、その算定根拠を改めて整理しておくことが必要である。

## 15 反社会的勢力の排除

BtoC-E コマースでは、大量に現れる顧客の属性を完全に把握することは不可能である。反社会的勢力排除条項を設けたとしても、実際にこの条項に該当すると判断できる場面は少ないだろう。しかし、反社会的勢力との断絶を表明する目的で、利用規約においてもこの種の条項が定められることが多い。申込拒絶事由や会員登録拒絶事由、解除事由において、個別に規定するという方法もあるが、以下のように独立した表明保証条項[33]と

---

32) 例えば、「算定基準として逸失利益が平均的損害に含まれると考えたかどうかを説明することが想定され、逸失利益が具体的に何円であると算出したのかまで説明する必要はないと考えられる」とされている（消費者契約法報告書 14 頁）。

33) 表明保証条項について、潮見佳男『プラクティス民法〔第 5 版補訂〕』（信山社、2020 年）610 頁では、「当該条項に表示された一定の事項について表意者がその真実性を保証したときに、このことが表意者の債務の内容を構成」し、「当該事項と真実が食い違っているときには、表明保証違反という表意者の債務不履行が認められる」、「損害を担保しているのであるから、免責の抗弁は出せない」、「ここで賠償されるべき損害は、履行利益である」と解説されている。

して設けることも考えられる。

　なお、契約成立後、仮に顧客が下記本条１項又は２項に違反することが判明した場合は、無催告解除を行うことが必要かつ適切と考えられ、契約の解除条項（又は反社会的勢力排除条項）において無催告解除を行い得る旨を定めておくべきである。

---

1　お客様は、当社に対し、現在、暴力団、暴力団員、暴力団員でなくなった時から５年を経過しない者、暴力団準構成員、暴力団関係企業、総会屋、社会運動等標ぼうゴロ又は特殊知能暴力集団等、その他これらに準ずる者（以下、総称して「暴力団員等」といいます。）に該当しないこと、及び次の各号のいずれにも該当しないことを表明し、かつ将来にわたっても該当しないことを保証するものとします。

①暴力団員等が経営を支配していると認められる関係を有すること

②暴力団員等が経営に実質的に関与していると認められる関係を有すること

③自己、自社若しくは第三者の不正の利益を図る目的又は第三者に損害を加える目的をもってする等、不当に暴力団員等を利用していると認められる関係を有すること

④暴力団員等に対して資金等を提供し、又は便宜を供与する等の関与をしていると認められる関係を有すること

⑤役員又は経営に実質的に関与している者が暴力団員等と社会的に非難されるべき関係を有すること

2　お客様は、当社に対し、自ら又は第三者を利用して次の各号の一にでも該当する行為を行わないことを保証するものとします。

①暴力的な要求行為

②法的な責任を超えた不当な要求行為

③取引に関して、脅迫的な言動をし、又は暴力を用いる行為

④風説を流布し、偽計を用い又は威力を用いて当社の信用を毀損し、

---

又は当社の業務を妨害する行為

⑤その他前各号に準ずる行為

3 本条の違反に基づく契約の解除は、相手方に対する損害賠償の請求を妨げません。

## 16　サービスの一時停止、中断又は終了

Eコマースでは、インターネットによるサービス提供という特性上、コンピューターシステムの保守点検やシステムダウン等の事由により、サービスを一時停止せざるを得ない場合がある。また、経営判断によるサービス中断・終了の可能性もある。そのような場合に備えて、事業者の都合でサービスの一時停止や中断・終了があり得る旨を規約に定めておくのが望ましい。例えば、以下のような条項である。

1 当社は、以下のいずれかの事由がある場合には、お客様に事前に通知することなく、本サービスの全部又は一部の提供を停止することがあります。

(1) 本サービスのコンピューターシステムの保守点検・更新を行う場合

(2) 地震、落雷、火災、停電等の不可抗力により、本サービスの提供が困難となった場合

(3) その他やむを得ない事情で本サービスの提供を一時停止する必要が生じた場合

2 当社は、本サービスの内容を変更し、又はその提供を中断若しくは終了することがあります。

規約上は、顧客に対する事前通知を不要とする場合であっても、顧客に与える影響を考慮し、可能な範囲で事前通知を行うのが望ましい。

## 17　規約の変更

　改正民法では、定型約款の変更に関するルールが新設された。簡潔に述べると、定型約款を変更する際には、実体的要件と手続的要件を満たす必要があり、定型約款の変更が顧客一般の利益にならない場合には、実体的要件として、以下の2つの要件を満たす必要がある（民法548条の4第1項2号。別途手続的要件を満たすことも必要である）。

①定型約款の変更が契約をした目的に反しないこと
②定型約款の変更に係る事情に照らして合理的なものであること

　法的な要件として、定型約款を変更する際の条件や手続等を規定する条項を設けることが要求されるわけではないが、上記②の合理性の判断に当たっては、そのような条項の有無及び内容が判断要素の1つになる。
　そこで、規約においても、規約変更を行う条件やその手続等を定めた条項を設けておくことが望ましい。規約変更については、後記**第4**で詳述する。

## 18　専属的合意管轄条項

　Eコマースでは、通常の対面式の契約とは異なり、顧客の場所的範囲が極めて広範囲に及ぶ。商品売買を内容とするBtoC-Eコマースでは、顧客を日本国内に住所を有する者に限定することも多いだろうが、その場合であっても、日本全国に存在する顧客との間で争いが生じた場合に、どこで紛争手続を行うのかという問題が生じる。
　財産権上の訴えについては、義務履行地で訴えることができるため（民事訴訟法5条1号）、顧客が事業者を訴える場合には、顧客の住所が義務履行地であるとして、当該地点を管轄区域内に持つ裁判所に訴えを提起する可能性が高い。その上で、当該訴訟において訴額が140万円以下の請求は

簡易裁判所に、140万円を超える請求は地方裁判所に管轄が認められる（裁判所法33条1項1号、24条1号）。

　しかし、事業者としては、全国各地で訴訟に対応しなければならないとすると、膨大なコストを余儀なくされるし、また、簡易裁判所での審理を避けたいと考えることもあり得る。そこで、規約において、紛争発生時の裁判管轄に関する条項を設けることが一般的である。例えば、以下のような条項である。

> 本規約に起因し、又は関連する一切の紛争については、東京地方裁判所を第一審の専属的合意管轄裁判所とします。

　上記の「専属的合意管轄」とは、当事者の合意によって特定の裁判所のみに管轄を認め、その他の裁判所の管轄を排除するものである。民事訴訟法は、第一審に限ってではあるが、合意により管轄裁判所を定めることを認めている（同法11条1項）。したがって、規約に専属的合意管轄が定められていれば、常に合意された裁判所のみに管轄が認められるようにも思える。

　しかし、規約は事業者が一方的に定めるものであり、規約中に専属的合意管轄を定める条項があったとしても顧客が関心を払わない可能性もあることから、事案によっては専属的合意管轄を定める条項の効力が制限されることがある。

　裁判例では、事業者による専属的合意管轄の主張は信義則により許されないとするものや[34]、「専属的」の文言にかかわらず、条項は付加的管轄（法定管轄を排除しないもの）を定めたものにすぎないとし、規約で合意された裁判所への移送を認めないと判断するもの[35]がある。

　他にも、専属的合意管轄条項自体は有効であるとしても、裁判所の判断で、専属的合意管轄裁判所以外で訴訟追行を認める場合がある。民事訴訟

---

34）広島高決平成9年3月18日判タ962号246頁。
35）仙台高決平成26年3月14日ウェストロー・ジャパン、神戸地尼崎支決平成23年10月14日判時2133号96頁。

法上、裁判所は、訴訟の著しい遅滞を避け、又は当事者の衡平を図るため必要があると認めるときは、他の管轄裁判所に移送することができ（同法17 条）、専属的合意管轄がある場合にもこれを行うことができるとされている（同法 20 条 1 項）。そして、これらを前提に、専属的合意管轄裁判所以外の法定管轄裁判所で訴えが提起された場合に、同法 17 条及び 20 条 1 項の法意に照らして、訴訟の著しい遅滞を避け、又は当事者間の衡平を図るために必要があるとして、専属的合意管轄裁判所に訴訟を移送しないで訴えが提起された裁判所での審理を認める裁判例も存在する[36]。

　このように、専属的合意管轄を定める条項は、常に有効に働くわけではなく、争われる可能性もある。もっとも、事業活動におけるリスク調整に不可欠な条項であり、レピュテーションリスクが生じるとまでは言い難いことも踏まえると、実務上、規約において、専属的合意管轄条項の規定を控える必要はないと考えられる。

　なお、「この契約に関して疑義又は紛争が生じたときは、甲（抗告人）、乙（相手方）協議の上、円満に解決します。甲、乙及び連帯保証人は、この契約について訴訟の必要が生じたときは、大阪地方裁判所又は茨木簡易裁判所を管轄裁判所とすることに合意します。」との条項について、調停について管轄合意があったとはいえないと判断された事案がある（大阪地決平成 29 年 9 月 29 日判タ 1448 号 188 頁）。そのため、調停についても管轄合意の対象としようとする場合は、上記のように、「一切の紛争について」と定めておく必要がある[37]。

## 19　サルベージ条項

　サルベージ条項とは、「ある条項が強行法規に反し全部無効となる場合

---

36) 名古屋高決平成 28 年 8 月 2 日判タ 1431 号 105 頁。
37) 例えば、裁判所ウェブサイトの「トップ > 各地の裁判所 > 大阪地方裁判所 / 大阪家庭裁判所 / 大阪府内の簡易裁判所 > 裁判手続を利用する方へ > 大阪地方裁判所第 10 民事部（建築・調停部）について > 1_3. 民事調停事件」ページにおける「1. 管轄」にも同趣旨の記載がある <https://www.courts.go.jp/osaka/saiban/kentiku/1_3_minzichouteiziken/Vcms4_00000527.html>。

に、その条項の効力を強行法規によって無効とされない範囲に限定する趣旨の契約条項」をいう（消費者契約法報告書 18 頁）。例えば、以下のような条項が挙げられる[38]。

賠償額は、法律で許容される範囲内において、10 万円を限度とします。

　事業者に故意又は重過失がある場合に事業者が負う損害賠償責任を免除する条項は、消費者契約法 8 条 1 項 2 号又は 4 号により無効になる（前記**13**）。上記サルベージ条項は、消費者契約法 8 条 1 項 2 号又は 4 号により無効となる範囲は必ずしも明らかではない中で（前記 **13 (2)**）、「法律で許容される範囲内において」との文言を加えることにより、事業者の故意又は重過失による場合を除いた範囲で（すなわち事業者の軽過失の場合に限り）、損害賠償責任の一部免除する効果を維持しようとするものである。
　長年、こうしたサルベージ条項に対する規律の在り方が議論されてきたが、2022 年消費者契約法改正法により、事業者の損害賠償責任の一部を免除する条項であり、当該条項が事業者の重大な過失を除く過失の場合に限り適用されることを明らかにしていないものは無効とされた（改正後消費者契約法 8 条 3 項）。この改正を踏まえ、事業者は、損害賠償責任の免除を定める場面では、サルベージ条項を用いずに、損害賠償責任の一部免除は、事業者の過失の場合に限る旨を明示する必要がある。具体的には、「当社の損害賠償責任は、当社に故意又は重大な過失がある場合を除き、顧客から受領した本サービスの手数料の総額を上限とする」といった定めが考えられる（消費者契約法報告書 19 頁）。
　もっとも、サルベージ条項の問題は、理論的には事業者の損害賠償責任の免除に関する場面に限定されない。消費者契約法報告書では、「法律上許される限り」という留保文言は、契約内容の不透明さという点で非常に問題があると指摘されている（消費者契約法報告書 19 頁）。事業者は、消費者にとって「消費者契約の内容が、その解釈について疑義が生じない明確

---

38）逐条解説消費者契約法 119 頁。

なもので、かつ、消費者にとって平易な」条項を作成するように配慮する
努力義務を負っていることから（消費者契約法3条1項1号）、事業者の損
害賠償責任の免除以外の場面においても可能な限りサルベージ条項を使用
せずに規約を作成することが適切だろう[39]。

# Ⅳ 継続的取引において一般的に規定される条項についての法的検討

## 1 会員登録

BtoC-E コマースでは、売買契約等の個別の取引に先立ち顧客に会員登
録を行わせ、会員資格を有する者とのみ個別の取引を行うという建付けに
することが多い。個別の取引について定める規約（ショッピング規約等）
とは別に、会員資格について定める会員規約が作成されることもあれば、
会員資格と個別取引の両方について同じ規約内で定められることもある。

規約では、会員登録のための必要な手続や、所定の事由に該当する場合
に、事業者が会員登録を拒絶する場合がある旨を規定するのが一般的であ
る。会員登録拒絶事由としては、個別の取引に関する申込拒絶事由が参考
になるだろう（前記Ⅲ **4**）。条項のイメージは、以下のようなものである。

---

1 本サービスの利用には、当社が別途定める会員登録手続を行う必要
があります。
2 当社は、会員登録の希望者が以下のいずれかに該当する場合、会員
登録をお断りすることがあります。
①本規約に違反したことがある場合
②会員資格取消処分を受けたことがある場合
③会員登録申請時に虚偽の情報を入力するなど当社に対して虚偽の情

---

[39] 逐条解説消費者契約法119頁では、「サルベージ条項を使用せずに具体的に条項を作成する
よう努めるべきである」と示されている。

報を伝えた場合

　④本サービスを利用して購入した商品の転売を目的としている場合

　⑤その他、当社が会員として不適切と判断した場合

## 2　ID・パスワードに関する条項

### （1）概観

　BtoC-E コマースでは、本人確認のために、ID・パスワードによる認証が行われることが多い。単発の売買契約を行うサイトを運営する場合であっても、次回取引時の情報入力を不要とし顧客の便宜を図るとともに顧客管理をしやすくする観点から、事前の会員登録を必須とし、その中で顧客にパスワード設定をさせ、ID の発行を行うことはある。また、定期購入など、継続的な契約関係が存在する場合には、ID・パスワードによる本人確認を行うのが一般的だろう。しかし、事業者が ID・パスワードによる本人確認を行ったとしても、相手方を完全に特定することは困難であり、第三者が他人の ID・パスワードを使用し、他人になりすまして行為をするおそれは払拭できない。

　第三者が他人の ID・パスワードを使用して売買契約を締結する場合、第三者が ID・パスワード保有者に効果を帰属させる意思があり、かつID・パスワード保有者から授与された代理権の範囲内で契約を締結しているときは、署名代理として ID・パスワード保有者に契約の効果が帰属する。他方、第三者が ID・パスワード保有者から何ら代理権を授与されていないにもかかわらず、ID・パスワード保有者になりすまして契約を締結しようとする場合にも ID・パスワード保有者に契約の効果が帰属するかは直接法定されておらず、検討が必要である（事業者としては、住所等が判明している ID・パスワード保有者に対して債務の履行を求めたいと考えるのが通常であるが、それが可能かを検討する）。

　また、第三者によるなりすましは、契約締結の場面に限られない。あるID・パスワードが第三者に使用されて、迷惑行為等の規約違反行為がな

された場合に、当該 ID・パスワード保有者が迷惑行為等を行ったものとして、当該 ID・パスワード保有者に規約違反を認めることができるかという問題がある。

　事業者としては、上記のような問題に対応するため、登録された ID・パスワードが使用された場合は、当該 ID・パスワード保有者の行為とみなす旨の条項（本人利用みなし条項）を定めることが考えられる。以下では、このようなみなし条項を定めない場合の解釈について述べた上で、みなし条項を定める際の留意点等について解説する。

## （2）なりすましによる契約締結の場面
### ア　本人利用みなし条項を規定しない場合

　第三者が本人から代理権を授与されていないにもかかわらず、本人を代理して契約を締結した場合には、原則として、本人に効果は帰属しない。しかし、民法上、表見代理が成立する場合には、本人に契約の効果が帰属する。すなわち、（ⅰ）本人が取引の相手方に対して他人に代理権を与えた旨を表示し、その他人が第三者との間で代理行為をしようとした場合（民法 109 条。代理権授与の表示による表見代理等[40]）、（ⅱ）特定の事項について代理権を持つ者が、代理権のない事項について代理行為をしようとした場合（民法 110 条。権限外の行為の表見代理）、（ⅲ）本人が代理権を与えた他人が代理権の消滅後に代理行為をしようとした場合（民法 112 条。代理権消滅後の表見代理等[41]）に、相手方が代理権の存在を正当に信じていたときに表見代理が成立する。これらの規定は、第三者が代理人として行為し、相手方が当該第三者に代理権があると誤認したことを前提に、①外部からみて代理権の存在を推測させるような客観的事情があること、②この外観を相手方が正当に信じたこと、③外観作出に対する本人の帰責性を根拠と

40）2020 年民法改正により、代理権授与の表示はされたものの代理権は有しない者（第三者）が表示された代理権の範囲外の行為をした場合に、民法 110 条を重畳的に適用するのと同様の要件の下で表見代理が成立する旨を定める 109 条 2 項が追加された。
41）2020 年民法改正により、代理人であった者が代理権消滅後に過去に有していた代理権の範囲外の行為をした場合に、民法 110 条を重畳的に適用するのと同様の要件の下で表見代理が成立する旨を定める 112 条 2 項が追加された。

して、外観を正当に信頼した相手方の保護を認めるものである[42]。

　これに対して、第三者によるなりすましの場合には、相手方は行為者を本人と誤認しているのであり、行為者に代理権があると誤認しているわけではないため、表見代理の規定を直接適用することはできない。しかし、最二判昭和 44 年 12 月 19 日民集 23 巻 12 号 2539 頁では、代理人が本人から交付された実印・印鑑証明書等を悪用したなりすまし取引について、「代理人が本人の名において権限外の行為をした場合において、相手方がその行為を本人自身の行為と信じたときは、代理人の代理権を信じたものではないが、その信頼が取引上保護に値する点においては、代理人の代理権限を信頼した場合と異なるところはないから、本人自身の行為であると信じたことについて正当な理由がある場合に限り、民法 110 条の規定を類推適用して、本人がその責に任ずるものと解するのが相当である」として、民法 110 条の類推適用の可能性があるとした。

　これを踏まえると、なりすましによる場合にも、①本人の行為であるとの外観の存在、②相手方（事業者）の信頼の正当性（善意・無過失）及び③本人の外観作出についての帰責事由がある場合は、表見代理の規定が類推適用される余地がある[43]。

　まず、①本人の行為であるとの外観は、本人の ID・パスワードの使用により基礎付けることができる。次に、②相手方（事業者）の信頼の正当性（善意・無過失）について、他人から推測されやすいパスワードの設定の防止等も含めた、なりすまし防止のためのセキュリティシステムの有無や、その具体的な運営方法等によって判断されることになろう。それでは、③本人の外観作出についての帰責性については、どのような事情があればこれが認められるか。帰責性として、民法 110 条に即して、事業者の信頼を基礎付ける ID・パスワードを本人が冒用者に交付していたことや、ID・パスワードの使用自体を認容・許諾していたことを要求する見解がある一方で、電子取引の普及促進の観点から取引安全保護を意識し、ID・

---

42）山本敬三『民法講義 I 総則〔第 3 版〕』（有斐閣、2011）404 頁。
43）河上正二『民法総則講義』（日本評論社、2007）499 頁。

パスワードの保管上の過失で足りるとする見解もある[44]。仮に表見代理の規定が類推適用される場合、ID・パスワード保有者には、自ら関与していない契約が成立し、それに基づき債務を負担するなど重大な影響が生じることや民法110条が本人による基本代理権の授与を要求していることとのバランスから、ID・パスワード保有者の帰責性を認めることには慎重さが求められようが、いずれにしろ、外観作出についてのID・パスワード保有者の帰責事由は、ID・パスワード保有者側の事情であり、訴訟となった場合に事業者がこれを立証することは困難な場合が多いだろう。

### イ　本人利用みなし条項を規定する場合

上記のとおり、事業者にとって、外観作出についてのID・パスワード保有者の帰責事由を立証することは困難である。そこで、ID・パスワード保有者への契約の帰属を認めるため、ID・パスワードが使用された場合は本人による行為とみなす旨の条項を規約に定めておくことが考えられる。条項例としては、以下のようなものが挙げられる。

---

1　お客様は、ID・パスワードの管理及び使用に関して、自らの責任で厳密に管理するものとします。

2　お客様は、ID・パスワードを自己以外の第三者に使用させ、又は貸与譲渡若しくは売買等してはならないものとします。

3　ID・パスワードが使用された場合、当該ID・パスワードを管理すべき本人が当該行為を行ったものとします。ただし、当社の故意若しくは過失又は当社のID・パスワードの漏洩により第三者が本人のID・パスワードを利用した場合はこの限りではありません。

---

上記第3項が、本人利用みなし条項であり、第1項及び第2項は、本人利用みなし条項の前提として、顧客にID・パスワードの適切な管理等を義務付ける規定である。

---

44) 学説の議論状況については、臼井豊『電子取引時代のなりすましと「同一性」外観責任』（法律文化社、2018）122～126頁。

本人利用みなし条項は、契約自由の原則の下では、原則として有効と考えられるが、条項が不当な内容である場合には、民法 548 条の 2 第 2 項又は消費者契約法 10 条により条項の拘束力が否定される可能性がある。例えば、第三者による ID・パスワードの利用について事業者に故意又は過失が認められる場合には、ID・パスワード保有者に効果帰属するものとする条項は拘束力が否定される可能性がある[45]。また、事業者に故意又は過失が認められない場合であっても（例えば、不可抗力）、事業者側からID・パスワードが漏洩し、第三者がこれを悪用するケースもあり得る。このような場合にも ID・パスワード保有者に効果を帰属させることは不当と判断される可能性があるため[46]、事業者から ID・パスワードが漏洩した場合は、本人利用みなし条項の適用場面からは除外することが適切である[47]。

### （3）なりすましによる迷惑行為等の場面

　一般的に、第三者によるなりすましは、当該第三者が他人の ID・パスワードを使用して契約を締結した場面が議論されることが多いが、BtoC-E コマースでは、なりすましが問題になる場面は上記に限られない。例えば、ある ID・パスワードが使用されて事業者や他の顧客に対する迷惑行為等が行われたものの、ID・パスワード保有者は、第三者による ID・パスワードの不正使用（なりすまし）であり、身に覚えがない等と主張するケースが考えられる。事業者としては、ID・パスワード保有者による行為なのか（ID・パスワード保有者が白を切っているだけなのか）、それとも本当に第三者による ID・パスワードの不正使用（なりすまし）なのか判断がつかな

---

45) 準則 69 頁。
46) 準則 66 頁。
47) E コマースにおいては支払時にクレジットカード決済が選択されることが多いと思われる。クレジットカード会社とカード会員との間の会員規約においては、第三者がクレジットカード会員になりすましてカードを利用した場合を含め不正利用された金額もカード会員が負担することを原則とした上で、紛失届・盗難届を遅滞なく警察に提出するとともにカード発行会社に紛失・盗難を通知した場合には不正利用分の請求を免除する、ただし当該不正利用がカード会員の故意又は重過失により生じたときには免除しない、とされることが一般的なようである。小塚荘一郎・森田果『支払決済法〔第 3 版〕』（商事法務、2018）187 ～ 188 頁。

い場合が多い。このような場合に、事業者は、ID・パスワード保有者が迷惑行為等を行ったものとして、当該ID・パスワード保有者に規約違反を認め、これを理由にID・パスワード保有者に対して規約違反を理由に制裁（契約解除等）をすることができるか。最終的に、ID・パスワード保有者と事業者との間で、制裁措置の有効性等が訴訟で争いになった場合には、ID・パスワード保有者が規約違反となる迷惑行為等を行ったという判断の当否が問われることになる。

　表見代理は、取引安全を保護するための制度であり、相手方の信頼とその信頼に基づく取引的行為が前提とされている。しかし、上記のような場面では、事業者と顧客の間に新たな取引的行為があるわけではなく、それに対する事業者の信頼も存在しない。したがって、表見代理の規定の類推適用はできないと考えられる[48]。

　これに対し、本人利用みなし条項が規定されている場合には、当該条項に合理性が認められ有効である限り[49]、ID・パスワード保有者が迷惑行為等を行ったものとして、ID・パスワード保有者に規約違反を認めるという判断の合理性が認められやすくなると考えられる。

　このような観点からも、本人利用みなし条項を適切に規定しておくことは有用である。

## （4）顧客保護のための措置

　顧客がID・パスワードを管理・使用するに当たり、当該ID・パスワードが盗難、紛失、漏洩等の危険にさらされることがある。第三者がID・パスワードを不正使用（なりすまし）して契約を締結するなどの場合、ID・パスワード保有者にその効果が帰属するという重大な結果が生じるおそれがあることから、事業者としては、顧客のID・パスワードに盗難、

---

[48] 森亮二「オンラインゲームの法律問題」一般財団法人ソフトウェア情報センター編『クラウドビジネスと法』（第一法規、2012）169頁。

[49] 事業者の故意又は過失の有無や、事業者からの漏洩といった事情を問わずに、常にID・パスワード保有者が迷惑行為等を行ったものとして扱う条項は拘束力が否定されるおそれがあることなどは、前記（2）と同様である。

紛失、漏洩等の危険が生じないような仕様設計とする必要があるが、それに加えて、顧客保護のための措置をとる前提として、顧客がID・パスワードを盗難された場合などの手続について定めてこれを周知しておくことが望ましい。例えば、規約において以下のような条項を規定しておくことが考えられる。

> お客様は、ID・パスワードの盗難、紛失、漏洩等によってID・パスワードが第三者に使用されるおそれのある状態となった場合には、直ちに当社にその旨を連絡するとともに、当社の指示に従うものとします。

　この点に関しては、前記Ⅲ **13**（1）アでも紹介した東京高判平成29年1月18日判時2356号121頁が参考になる。事案は、利用者が電子マネー「Edy」を登録したスマートフォンを紛失したところ、第三者がスマートフォンをインターネットに接続の上、「Edy」のサイトでのパスワード認証に成功し、オートチャージ機能を設定してこれを不正利用したというものである。利用者は、紛失後すぐに携帯電話会社に連絡の上スマートフォンの通信サービスを停止したが、電子マネー事業者である楽天Edy及びクレジットカード会社には連絡していなかった。

　当該不正利用に伴う金員を支払った後に利用者が提起した訴訟では、楽天Edy及びクレジットカード会社の不当利得返還債務や不法行為責任の有無が問題となったが、控訴審は、楽天Edyには、登録携帯電話の紛失等が生じた場合に、サービスの不正利用を防止するため、登録会員がとるべき措置について適切に約款等で規定し、これを周知する注意義務があることを認め、不法行為責任を肯定した。

　当該訴訟では、かかる注意義務は、①登録携帯電話の画面ロック機能や「Edy」の利用のために登録会員が登録したパスワードによる安全性の確保に全く問題がないとまではいえず、登録携帯電話の紛失等に伴い第三者が「Edy」を不正に利用するおそれが皆無とはいえないこと、②登録会員の中に、登録携帯電話の紛失等が生じても、通信サービスの利用を停止す

れば、少なくとも新たにチャージがされることはないと考える者がいると
の想定は困難とはいえないこと、及び③「Edy」の技術的専門性を根拠に
認められた。

　これに対し、ID・パスワードを用いたBtoC-Eコマースでの通信販売は、
スマートフォンを介した電子マネーサービスのように契約当事者が複数存
在するものではないし、一般的に上記②や③は認め難いと考えられる。そ
のため、上記判決は、通信販売を行う事業者一般について直ちに当てはま
るものではない。

　もっとも、このような顧客保護のための措置をとる前提としての盗難等
の事実連絡に関する条項の存在は、本人利用みなし条項の消費者契約法
10条や民法548条の2第2項該当性の判断に際しても有効性を基礎付け
る方向で考慮される可能性があるため、規約において規定するのが望まし
い。

　ただ、そもそも顧客が「ID・パスワードの盗難、紛失、漏洩等」の事
実を認識し得ない場合もあり得るだろう。（規約の内容に直接関連するもの
ではないが）そのような場合になりすましによる不正取引が行われること
を回避するため、取引対象物や取引額を勘案し、必要に応じ当人認証手続
に用いる認証要素を増やす（多要素認証を導入する）といった対応も検討
対象にはなり得るだろう。

## 3　登録情報の変更等

　単発の売買契約では、取引の都度顧客に情報を記入させることもあるが、
顧客に会員登録させる場合や、商品の定期購入等、継続的な契約関係を前
提とする場合には、事業者は、顧客に登録させた情報を継続して使用する
ことになる。したがって、最初に顧客が登録した情報に変更があった場合
には、事業者の債務を適切に履行するためにも、顧客に速やかにこれを変
更させる必要がある。そこで、顧客による登録情報に関して、規約に以下
のような条項を規定することがある。

1 お客様は、当社へ提供した情報の内容に変更が生じた場合、速やかに登録内容の変更を行うものとします。
2 当社は、お客様が登録された住所に対して通知を送付する場合、お客様のもとに通常到達すべきであったときに到達したものとみなします。

　本来、意思表示は、その通知が相手方に到達した時から効力を生じる（民法97条1項）。仮に相手方に意思表示が到達しない場合にも当該意思表示を行う必要がある場合には、公示による意思表示を行うことになるが（民法98条1項）、手間もコストも要するものである。

　上記第2項は、顧客が登録住所の変更を怠っている場合に備えて、通知の到達を擬制する条項であるが、このようなみなし条項は、任意規定に比べて当事者の権利を制限する条項であるため、消費者契約法10条又は民法548の2第2項の該当性が問題となる。

　この点、東京高判平成21年9月30日判タ1317号72頁[50]は、傍論ながら、「約款において、保険契約者に対してその住所を保険者に届け出ることを義務付け、保険者が保険契約者に対してする催告等は、その届出がされた住所に宛てて発すれば足り、当該住所宛てに発送された催告等は、それが通常到達すべきであった時に到達したものとみなす旨の定め……を置くことには大量処理の観点等からして十分合理性があるから、催告等の方法についてそのような定めを約款に置いたからといって消費者契約法10条の規定によりその有効性に疑問が生ずるということにはならない」との判断を示した。

　事業者としては、顧客が自ら登録情報を変更しない限り、変更後の情報を認識することは困難であり、上記のようなみなし条項により到達を擬制する必要性はあるのだろう。他方、通知の到達を擬制する条項の有効性については、上記裁判例後においても消費者契約法改正に際して議論されている。

---

50）前記Ⅲ **12** で紹介した最二判平成24年3月16日民集66巻5号2216頁の控訴審である。

　そもそも意思表示は到達してはじめて効力が生じるのであり、民法上、意思表示が到達しない場合の対応策として公示送達などの方法も定められている。このようなみなし条項の有効性は、事業者の事業内容に照らした到達擬制の高度の必要性や、到達が擬制される通知内容の重要性等、顧客が受ける不利益の内容から例外的に許容されるといえるかという観点で個別に検討すべきである。少なくとも本書で検討しているような、一般的な商品の売買に関しては、みなし条項を付すことが許容される場面は考えにくいが、事業者がネット上のサービスを提供し、顧客の住所すら認識しないような取引形態においては、そのような条項を付す必要もあるだろう。ただし、解除通知などのように、顧客の権利関係に重大な影響を及ぼす意思表示については、到達を擬制することで顧客に不利益が生じるとして効力が否定される可能性はある。

　理論的には上記のような整理であり、実務的には、事業の規模等にもよるが、到達擬制条項の適用場面は限定的にすることが適切だろう。

　例えば、商品の定期購入の場面で、顧客が登録した住所地において商品の引渡しができない場合には、当該商品及び今後の商品の発送を中止する（それ以降引き渡さなくても債務不履行責任を負わない）旨を規約に定めておくことが考えられる。その上で、他の連絡手段（例えば、電子メールや電話等）を用いて新住所を確認することができるのであれば、そのような対応をとるのが望ましい。

## 4　顧客の解約権の制限

　商品の定期購入契約では、一定の期間にのみ違約金の支払義務なく契約を解約することを認め、当該期間内に契約が解約されない場合には、契約が自動更新される旨の条項が設けられることがある。例えば、以下のような条項である。

> 定期コースの契約期間は１年間とし、契約期間最終月（以下「更新期

間」といいます。）に契約を解約されない限り、更新期間満了後引き
続き１年間契約が更新されるものとします。更新期間外に定期コース
の契約を解約される場合には、当社所定の違約金をお支払いいただき
ます。

## （１）問題の整理

　上記条項は、更新期間に契約を解約しないという消費者の不作為をもっ
て、新たな契約の申込み又はその承諾の意思表示とみなすものであり、前
記Ⅲ３（３）イでみたように、消費者契約法10条や民法548の２第２項
の適用が問題となる（問題①）。また、認められた更新期間以外に顧客が
契約を解約した場合に、顧客に違約金の支払義務を負わせる場合には、消
費者契約法９条１号も問題となる（問題②）。

　なお、更新期間を除き違約金が発生するため、定期購入契約の解約を事
実上制限することになり、この点も、消費者契約法10条や民法548の２
第２項の該当性が問題にはなり得る。しかし、いつでも契約を解約できる
委任契約や準委任契約とは異なり（民法651条１項、655条）、少なくとも
BtoBの継続的な商品供給契約では、買主による解約は、契約任意解約権
が定められ、かつ、信頼関係が破壊された場合や信義則に反しない場合等、
限定的な場面にのみ認められている。これを踏まえると、BtoCの定期購
入契約においても、顧客がいつでも解約できることが原則とまではいえず、
消費者契約法10条前段要件を満たさない可能性がある。したがって、定
期購入において顧客による解約を事実上制限するような条項については、
解約制限期間が長いほど不適切との評価を受ける可能性があるが、それ自
体をもって直ちに消費者契約法10条や民法548の２第２項に該当するも
のではないと考えられる[51]。

## （２）問題①について

　自動更新の消費者契約法10条や民法548の２第２項該当性については、
商品の定期購入契約ではないが、携帯電話通信サービス契約における中途

解約違約金条項の適法性について判断した一連の裁判例[52]が参考になる。

　事案は、株式会社 NTT ドコモ、KDDI 株式会社、ソフトバンク株式会社の３社が、携帯電話通信サービス契約の契約期間を２年間とした上で、契約締結から２年が経過すると契約は自動的に更新され、利用者は、原則２年に一度の更新期間内に解約を申し出ない限り、9,975 円の違約金を支払わなければならないとする条項の有効性が争われたというものである。適格消費者団体から、３社を被告としてそれぞれ別々に差止請求訴訟が提起された。KDDI 株式会社に対する地裁判決以外では、消費者契約法９条１号、10 号どちらにも該当しないと判断された。消費者契約法 10 条該当性の判断に際して、一連の判決では主に以下の要素が考慮されている。

①２年間という契約拘束期間について、不当あるいは著しく長期間ではないこと
②違約金金額が消費者契約法９条１号の「平均的な損害」を下回っていること
③定期契約を選択した場合、通常契約と比較して料金について割引を受けられること
④事業者は、当該条項の存在や更新時期について説明を行っていること

51) 公益社団法人全国消費生活相談員協会は、株式会社ビーボに対して、同社が提供する定期購入契約では所定の回数（６回）を購入するまでは消費者は一切解約できない（７回目以降解約可）旨の条項について、消費者契約法 10 条に該当することを理由に是正等を求めた。これを受け、株式会社ビーボは、最終的に、やむを得ない場合は最低継続回数未満での解約を受け付け、ただし定期購入価格と単品価格の提供価格の差額の支払を求める旨の条項に変更した（当事者間のやり取りの詳細は、上記協会のウェブサイト上で公開されている）。
　一般的に、定期６回分の分量をセットにして１回で販売することは許容されるのであり、上記条項が常に直ちに消費者契約法 10 条に該当するとまではいえないだろう。もっとも、定期購入に関しては、広告表示では解約が容易であるかのように示しつつ解約条件を明示的に示さない事案もあり、当該事案においては、消費者契約法 10 条に該当すると判断される可能性がある。上記是正請求においても、解約条件の明示等が併せて請求されていた。
52) NTT ドコモ訴訟原審：京都地判平成 24 年３月 28 日判時 2150 号 60 頁、控訴審：大阪高判平成 24 年 12 月７日判時 2176 号 33 頁。KDDI 訴訟原審：京都地判平成 24 年７月 19 日判時 2158 号 95 頁、控訴審：大阪高判平成 25 年３月 29 日判時 2219 号 64 頁。ソフトバンク訴訟原審：京都地判平成 24 年 11 月 20 日判時 2169 号 68 頁、控訴審大阪高判平成 25 年７月 11 日（平成 24 年（ネ）3741 号）。

⑤１か月の更新期間について、不当に短いものではないこと

　上記裁判例も参考にして考えると、商品の定期購入契約において、上記のように自動更新を定める条項の消費者契約法 10 条や民法 548 の 2 第 2 項該当性は、次のような事情が総合的に考慮されることになると考えられる。
・契約拘束期間の長さ、違約金が定められている場合は違約金の金額の多寡
・定期契約であることを理由とする通常契約からの割引額
・契約締結前に顧客が自動更新条項を認識する機会がどの程度確保されていたか
・更新期間において顧客が契約を解約する機会がどの程度確保されているか（更新期間の長さ、解約手続の容易さ、更新期間前の事業者による注意喚起等）

### (3) 問題②について

　違約金を定める場合には、その金額が消費者契約法 9 条 1 号の「平均的な損害」を超えないようにする必要があるが、それ以外にも前記 **(1)** の内容を考慮して、契約拘束期間や更新期間を設定し、契約締結時のサイト表示、更新期間前の注意喚起等の運用体制を決定することになるだろう。

## 5　会員資格抹消措置等

　顧客に債務不履行がある場合や規約に定めた解除事由に該当する場合（前記Ⅲ 12）、事業者は、顧客との間で締結した個別の売買契約等を解除することができる。もっとも、悪質な顧客が存在する場合、個別契約の解除にとどまらず、今後の取引を拒絶できるようにしたいと考えることもあろう。そのような場合に備えて、サービスの利用停止や会員資格の抹消等について規約に定めるのが一般的である。

　顧客によるサービスの利用停止や会員資格の抹消等のトリガーとなる事由については、個別契約の解除事由と重複する場合が多いだろう（個別契約の解除と、サービス利用停止や会員資格の抹消措置等を１つの条項で規定することも考えられる）。もっとも、サービス利用停止や会員資格の抹消等を行う場合に、既に受領済みの金員（前受金）の返還を制限するときや、会員資格に紐づいて付与したポイントを消滅させるときなどには、顧客に対し当該サービスの利用停止や会員資格の抹消に伴い思わぬ不利益が及ぶ可能性がある。当該不利益について事業者が損害賠償責任を負担しない旨を定める場合には、前述のモバゲー事件と同様の状況となることが予想される。これらの措置を検討する場合には、当該措置を講じる高度の必要性があるといえる場合をあらかじめ例示列挙するとともに、実際に当該措置をとる場合も、他に取り得る手段がないかを確認することは必要である。

# 第2章
# 規約運用上の留意点

## I 規約が契約内容となるための要件

### 1 民法における定型約款に関する規定

　作成した規約を顧客との関係で適用するには、規約が顧客との間の契約内容になっている必要がある。

　民法上、以下のいずれかの要件を満たす場合には、定型約款の個別条項についても当事者間で合意したものとみなされ（民法548条の2第1項）、その結果、当該定型約款が当事者間の契約内容となる。BtoC-Eコマースで用いられる会員規約や販売規約は民法上の「定型約款」に該当すると考えられることから、当該規約を契約内容にするためには、以下のいずれかの要件を満たす必要がある。

---

①定型約款を契約の内容とする旨の合意をしたとき
②定型約款を準備した者があらかじめその定型約款を契約の内容とする旨を相手方に表示していたとき

---

　①の「定型約款を契約の内容とする旨の合意をした」とは、当事者間で、定型約款が適用されることについて合意を行ったことをいう。なお、定型約款を契約の内容とする旨の合意は、黙示の合意でも足りるとされており、特定の定型約款の適用があることが当事者にとって明らかである場合にも、定型約款を契約の内容とする旨の合意が認められる。

　②の「定型約款を契約の内容とする旨を相手方に表示していたとき」にも、定型約款の個別の条項について合意があるとみなされる。②が定められた趣旨は、そのような表示がされた上で、当事者が実際に取引したのであれば、当事者間において、定型約款を契約の内容とする旨の黙示の合意があったといえそうであるが、黙示の合意の認定は必ずしも容易ではないこともあるため、このようなケースについても定型約款の個別の条項について合意があったとみなし取引安定を図る点にある[53]。また、ここでの「表示」とは、定型約款を契約の内容とする旨の黙示の合意と同視できるだけの実質を備えている必要があり、取引の際に、相手方に対して、定型約款を契約の内容とする旨が個別に示されていると評価できるものでなければならない。例えば、事業者が、ウェブサイト上の見えにくい場所で定型約款を契約の内容とする旨を公表しているだけでは「表示」としては不十分であり、インターネットを利用した取引であれば、契約締結画面までの間に、定型約款を契約の内容とする旨を記載した画面を顧客に対して示す必要がある[54]。

## 2　Ｅコマースにおいて規約を契約内容とする際の留意点

### （1）規約を契約内容とするための方法の選択

　まず、規約を契約内容とするために、上記①、②のどちらの方法を選択するのかを検討する必要がある。

　利用規約を確認したという操作を行った顧客だけがサイトを利用できるとする場合、顧客の利便性を害するおそれがある。そこで、例えば、ポータルサイトの利用においては、②の方法を採用することも考えられる（現実的にも、当該サイトの利用は無料であることが多く、顧客に不利益が生じる可能性も低いので、そのような方法の採用に伴い問題が生じることは少ないだろう）。

---

53）民法改正一問一答249～250頁。
54）民法改正一問一答250頁。

これに対し、通信販売のように顧客がウェブサイトやアプリ上で一定の操作をすることが前提となっているEコマースの場面については、合意のための操作を顧客に行わせることのデメリットは少なく、②の方法を選択する必要性は高くない。法律上は、規約を契約内容とするためには①、②の方法のいずれでも問題はないが、顧客が規約を認識していなかったというようなトラブルを未然に防ぐためには、顧客に自らの意思で操作をさせることにより、規約を契約内容とすることを明示的に合意するのが望ましい（①）。有償取引である場合は特に、規約を契約内容とすることを明示的に合意することが適切だろう。

　例えば、ウェブサイトやアプリ上の商品注文ページ遷移前後や最終確認画面で、顧客に規約が適用されることに同意する旨のボタンをクリックさせる、その旨記載した文言の横に付したチェックボックスにチェックさせる、当該クリックやチェックがされた場合に限り次の画面に変遷するような仕組みにすることが考えられる。

## （2）規約の表示

　民法上は、定型約款準備者が、①の合意又は②の表示の前に、定型約款を相手方に表示することまでは求められていない。相手方から定型約款の内容を示すよう請求された場合に、遅滞なく、相当な方法でこれに応じることで足りるとされている（民法548条の3第1項）。

　顧客から定型約款の内容開示請求があった場合には、規約を掲載したウェブサイトのURLを伝えたり、掲載場所にたどり着くための適切な手順を誘導することにより、「相当な方法」で定型約款の内容を示したことになると考えられている[55]。

　しかし、Eコマースでは、顧客がインターネットを利用していることが前提となっており、ウェブサイトやアプリ上であれば規約の内容を示すことは容易である。また、事前に規約の内容が示され、顧客の認識可能性が確保されているか否かは、規約における具体的な条項の不当条項該当性が

---

55）定型約款Q&A110〜111頁。

問題となった場合にも、考慮要素の１つになると考えられる。更に、2022年消費者契約法改正法により、事業者において、消費者が定型約款の内容の表示請求（民法548条の３第１項）を行うために必要な情報を提供する努力義務が定められたが、消費者が定型約款の内容を容易に知り得る状態に置く措置を講じている場合には、事業者はかかる義務を負わない（改正後消費者契約法３条１項３号）。また、改正後消費者契約法では、適格消費者団体による差止請求権行使を容易にするために、相当の理由があるときは、適格消費者団体から事業者に対する不当条項を含む契約条項の開示要請を認めている（改正後消費者契約法12条の３第１項）。この要請に応じる事業者の義務は努力義務ではあるが（同条第２項）、事業者は、当該条項を含む契約条項をインターネットの利用その他の適切な方法により公表している場合には、開示要請に応じる義務を負わない（同条１項ただし書）。

　以上を踏まえれば、規約を契約内容とするに際し、顧客の認識可能性を担保するため、ウェブサイトやアプリ上で、適用される規約を明瞭に表示しておくことが適切だろう[56]。

　規約の表示の仕方としては様々な方法があろうが、顧客の認識可能性の担保という観点からは、まずは規約の適用に同意する旨のボタンやチェックボックスの近くに規約を表示することが考えられる。当該ボタンやチェックボックスの近くに規約の全文を示すとスペースの関係でかえって見えにくいという場合には、例えば、ボタン等を示すページへの遷移時やボタン等が示された部分にスクロールされた際にポップアップ画面で規約の全文を表示し、顧客が下までスクロールしない限り同意のクリックやチェックを行えない仕組みとすることが考えられる。スペースの問題等でこのような方法を取り得ない場合には、同意ボタンやチェックボックスの近くに、適用される規約へのハイパーリンクを設定するとともに、リンク

---

56) Eコマースを行うとともに顧客から電話注文を受けて商品を販売し、通信販売として同じ規約を適用している場合に、電話注文に関する新聞広告を掲載するとき、当該新聞に規約を掲載することは不可能だろう。その場合、民法上の要請ではないが、顧客からの要請を待たず、当該新聞広告に規約を掲載したウェブサイトのURLを示したりQRコードを付したりするという対応をとることが望ましい。

元において、リンク先に当該規約を記載している旨を示すことが考えられる。

　また、簡便な方法として、後述するように、特定商取引法に基づく必要的記載事項を示す「特定商取引法に基づく表記」へのハイパーリンクを設定するタブを明瞭に示す際、それと並べて「利用規約」のタブを配置するということも考えられる（この方法は上記のいずれの方法とも両立するので、ユーザーの見つけやすさを考えると、両方の対応を行うことが望ましい）。

## II　顧客にとって重要な内容の表示

　上記のとおり、顧客に対して規約自体を開示したり、あるいはハイパーリンクを設定して顧客に規約を確認する機会を与えたとしても、実際に顧客が規約の内容を詳細に確認することはあまり期待できない。そこで、顧客にとって重要な内容、特に顧客に不利益を課す等、消費者契約法 10 条や民法 548 条の 2 第 2 項該当性が問題になり得るような条項については、規約とは別に、その要点を顧客が容易に認識できるよう分かりやすく表示するのが適切である。例えば、規約とは別に、当該要点を表示してチェックボックスにチェックさせる、あるいはポップアップ画面に要点を表示するといった対応が考えられる。

　個別交渉を経て合意した条項については、消費者契約法における不当条項規制の対象にはならず、契約の不当性一般の問題（民法 90 条）として理解すべきとする考え方もある[57]。そのように特定の条項について個別に合意する場合に、直ちに消費者契約法 10 条や民法 548 条の 2 第 2 項該当性が否定されるといえるかは措くとして、これらの対応は、顧客が自らの意思で当該条項を受け入れて契約していることを推認させるものであり、消費者契約法 10 条や民法 548 条の 2 第 2 項の適用の判断に際して重要な要素になると考えられる。

---

57）潮見佳男「不当条項の内容規制－総論」別冊 NBL54 号（1999）143 頁。

# 第3章
# 規約変更上の留意点

## I 民法の規定

### 1 総論

　一般原則からすれば、契約内容を変更するには、相手方と個別に合意することが必要である。規約も契約内容となる以上、規約を変更するには相手方と個別に合意が必要になるとも思われるが、定型約款に該当する場合には、民法548条の4の要件を満たすことで、相手方の個別の合意なくその内容を変更することが認められている。

　まず、定型約款を変更するための実体的要件として、①定型約款の変更が相手方の一般の利益に適合するか（民法548条の4第1項1号。以下、かかる要件を満たす変更を「利益変更」という）、又は②契約をした目的に反せず、かつ、変更に係る事情に照らして合理的なものであることが必要とされている（同項2号。以下、かかる要件を満たす変更を「合理的変更」という）。

　次に、手続的要件として、定型約款準備者は、定型約款の変更の効力発生時期を定め、かつ、定型約款を変更する旨及び変更後の定型約款の内容並びにその効力発生時期を適切な方法により周知することが必要とされている（民法548条の4第2項）。この手続的要件は、利益変更、合理的変更のどちらの場合であっても満たす必要がある。なお、合理的変更の場合には、要件が加重され、効力発生時期が到来するまでに周知をしなければ変更の効力が生じないこととされている（同条3項）。

　なお、定型約款の変更の場合、変更後の定型約款の内容の合理性につい

ても変更の実体的要件の中で考慮されることから、定型約款の内容規制に関する民法548条の2第2項は適用されないことが明示されている（同条4項）。

## 2　実体的要件（利益変更）

　定型約款の変更が、相手方の一般の利益に適合するときには、通常、相手方も変更に同意するといえることから、変更の有効性が認められている。「相手方の一般の利益に適合する」とは、契約を締結している相手方全員にとって定型約款の変更が利益になることを意味し、一部の相手方にとっては利益であるが、一部の相手方について不利益を及ぼす場合には、これに該当しない。例としては、顧客が支払うべき利用料を一律に減額するケースや、事業者が提供するサービスの内容を顧客の金銭負担は増やさずに拡充する場合が想定されている[58]。

## 3　実体的要件（合理的変更）

　定型約款の変更が、相手方の一般の利益に適合するとはいえない場合、変更の効力が認められるためには、変更が契約をした目的に反せず、かつ、変更の必要性、変更後の内容の相当性、定型約款の変更をすることがある旨の定めの有無及びその内容、その他の変更に係る事情に照らして合理的なものであることが必要である（民法548条の4第1項2号）。
　「契約をした目的」とは、相手方の主観的な目的を意味するものではなく、契約両当事者において客観的に共有された当該契約の目的を意味する。サービス内容自体や対価等の契約の中核的な事項に関する条項について、変更の度合いが大きく、顧客に重大で一方的な不利益をもたらすような場合は、「契約をした目的」に反するといえる場合もあると考えられる。
　「定型約款の変更の合理性」は、定型約款準備者の事情のみならず、相

---

58）民法改正一問一答259頁。

手方の事情も含めて、①変更の必要性、②変更後の内容の相当性、③定型約款の変更をすることがある旨の定めの有無及び内容、④その他の変更に係る事情が総合的に判断される。立案担当者の解説を踏まえ、概ね以下のように整理できる[59]。

①「変更の必要性」

定型約款準備者に定型約款の変更を行う必要が生じた理由や、相手方から個別同意を取得することが困難であるといった事情が考慮される。

例えば、法令変更に伴い約款の変更が必要になる場合や、経済状況の変動に伴い対価やサービス内容の変更が必要になる場合には、変更の必要性が認められやすいだろう。また、相手方から個別同意を取得することが困難かどうかは、相手方の数や属性などが考慮されると考えられる。

②「変更後の内容の相当性」

変更後の条項の内容が適切であるかが考慮される。

変更内容が、商品・サービスの内容や対価など、相手方にとって重大な事項である場合には、変更後の内容の相当性は厳格に判断されることになる。

③「定型約款の変更をすることがある旨の定め」

民法上、定型約款中に定型約款の変更に関する条項が設けられていることは、変更のための必須の要件ではない。もっとも、かかる条項が設けられており、かつ、変更の条件や手続がある程度具体的に規定されている場合には、相手方は定型約款の変更を予期することができるため、定型約款の変更の合理性が認められやすくなると考えられる。ただし、単に「定型約款の変更をすることがあり得る」旨を定めただけではさしたる意味はなく、より具体的に変更の条件や手続が定められていた場合に、そのことが「合理的なもの」と認める積極的な事情

---

59) 以下の記述は、定型約款 Q&A 128 ～ 129 頁及び 134 ～ 136 頁を参考にしている。

として考慮されると考えられている。

④「その他の変更に係る事情」

相手方の不利益の程度、任意解除権の付与、猶予期間、不利益軽減措置の有無などが考慮される。

例えば、一定の契約期間が前提とされている契約において、変更に同意しない相手方に対して、契約の解除権を与えるなどの措置がとられている場合や、相手方が変更に対応するための準備期間として、変更の効力が発生するまでに相当の猶予期間を設けている場合には、合理性を基礎付ける要素となると考えられる。不利益軽減措置の例としては、通常、契約期間中の解除には違約金が発生するものの、定型約款の変更に際しての一定期間内の解除の場合にはその支払いを要しないといった措置などが考えられる。また、不利益の程度によっては、周知方法が合理性の考慮要素となる場合もある。

# II　Eコマースにおける規約変更上の留意点

## 1　変更手続の要否

　前提として、民法上の「定型約款の変更」とは、既存の顧客との定型約款を用いた契約を、契約期間中に変更することをいう。したがって、規約を変更する場合であっても、別途、契約締結や更新に際し、変更後の規約を契約内容とするための手続をとっている場合には、当該変更後の規約に基づく新たな契約が成立し、「定型約款の変更」には該当しない。

　例えば、単発の通信販売において、注文の度に顧客からその時点で最新の販売規約を示し当該規約を契約の内容とする旨の合意をするような場合は、当該販売規約の変更は、契約成立後履行前の場合や、履行終了後にも適用される条項を遡及的に変更する場合を除き「定型約款の変更」に当たらない。他方、会員としての地位に関し継続的に適用される会員規約を変更する場合や、定期購入契約を締結している顧客との間で定期購入契約に

ついて定めた販売規約を変更するような場合には、「定型約款の変更」に当たる。

「定型約款の変更」に該当する場合は、民法548条の４の要件を満たすように設計する必要がある一方で、該当しない場合には、同条の要件を満たす必要はない。もっとも、「定型約款の変更」に該当しない場合であっても、顧客への適切な情報提供の観点から一定の告知を行うといった対応も検討し得る。

このように、規約変更が民法上の「定型約款の変更」に該当するか否かにより対応方針が異なり得るため、その該当性をまず検討することが肝要である。

## 2 規約変更に関する条項

将来「定型約款の変更」に当たる規約変更を行う場合に備えて、規約の中に規約変更に関する条項を規定しておくことが適切だろう。上記のとおり、民法上は、定型約款の変更に関する条項が定められていることは、定型約款の変更を行うための必須の要件ではないが、定型約款中に将来の定型約款の変更があり得る旨が具体的に定められていることは、合理性の判断において考慮されると明示されているので、記載することが望ましい。

では、具体的にどのような条項を規定すべきか。前述のとおり、単に「定型約款の変更をすることがあり得る」旨を定めただけではさしたる意味はなく、より具体的に変更の条件や手続が定められていた場合に、そのことが「合理的なもの」と認める積極的な事情として考慮される。最低限、民法548条の４第２項に従った変更の手続的要件については規定する必要があるだろう。例えば、以下のような条項が考えられる。なお、第１項につき、「民法548条の４に基づき」と記載することも考えられるが、一般の消費者が民法の条文を確認することは想定し難い。民法548条の４の定める要件自体が単純でなく、それを示して消費者が理解することも容易ではないものの、単に民法の条文を示すだけに比べると、具体的な要件を示す

ことが望ましいだろう。

1 当社は、ご利用者の一般の利益に適合する限り、又は、契約の目的
　に反せず、かつ合理的な変更である限り、あらかじめご利用者の承
　諾を得ることなく、次項に定める方法により、本規約を変更するこ
　とができます。
2 当社は、前項の定めにより本規約を変更する場合、その効力発生日
　を定め、効力発生日までに、本サイトへの掲載その他の適切な方法
　により、本利用規約を変更する旨、変更後の本規約の内容及び効力
　発生日を周知するものとします。

　これに加えて、「効力発生日の○日前までに周知する」といったように、
事前周知期間を具体的に定めて規定する場合も考えられる。そのような定
めは、事前に変更手続の明確化を図り得る一方で、具体的な事情や変更内
容に応じて事前周知日を具体的に検討するという柔軟な対応は困難になる
という事情もあり、いずれがよいか個別に検討することが適切だろう。
　更に、規約において変更の実体的要件を定める場合もある。多くの場合
は、顧客の理解に資するよう、確認的に民法548条の4第1項と同内容の
要件を定めるものだろう。なお、仮に民法548条の4第1項の要件を緩和
する要件を規約において定めたとしても、同項の要件を満たさない限り、
変更の効力は認められないと考えられる[60]。

## 3 周知方法

　規約を変更するには、手続的要件として、適切な方法により周知を行う
ことが必要である（合理的変更の場合は事前に周知が必要であり、周知期間に
ついて後記 **5** で検討する）。E コマースでは、顧客がインターネットを使用
できる環境にあることが前提となっているため、まずは、インターネット

---

60) 定型約款 Q&A 141 頁。

を用いて周知を行うことになろう。例えば、事業者のウェブサイトのお知らせページや新着情報欄における掲載が考えられる。アプリであれば、アプリ内のお知らせページや新着情報欄での掲載に加え、アプリ起動時にポップアップメッセージを表示させて、その中で周知を行うことも考えられる。

　なお、規約の変更により顧客に与える不利益の程度が大きい場合には、周知方法も慎重に検討するのが望ましい。例えば、ウェブサイトやアプリでの周知に加え、顧客に対して個別に電子メールやアプリのプッシュ通知等で周知することも検討に値する。

## 4　周知する内容

　周知内容としては、民法548条の4第2項に従い、規約を変更する旨及び変更後の規約の内容並びに効力発生日を周知する必要がある。「変更後の規約の内容」としては、変更があった条項自体を明示することが必要であり、変更の概要のみの記載は、「変更後の規約の内容」の周知としては不十分である。具体的な方法としては、変更の概要を記載した上で変更後の規約全体を掲載する、あるいは、変更箇所の新旧対照表を掲載することが考えられる。

　規約変更に際し、一定期間解除の違約金を免除するなど、顧客の不利益を軽減する措置をとる場合には、不利益軽減措置を実行する機会を与えるため、併せて当該不利益軽減措置も周知することが適切である。

## 5　周知期間

　合理的変更の場合は、効力発生時期までに周知をしなければ、約款変更の効力が生じない（民法548条の4第2項及び第3項）。

　例えば、ウェブサイトやアプリにおけるお知らせページや新着情報欄への掲載による場合、ある程度の期間にわたって掲載が継続されることによ

り、周知がされたと評価されよう。立案担当者の解説によると、軽微な変更であれば数日で足りるが、そうでなければ数週間の掲載が必要になることもあるとされている[61]。

　なお、民法改正後、規約の変更に際して現実に設定された事前周知期間は、平均 12.82 日（利益変更の場合平均 8.94 日、利益変更以外を含む変更の場合平均 15.00 日）という調査結果がある[62]。求められる事前周知期間は、顧客がウェブサイトやアプリを閲覧する頻度や変更内容によっても変わってくるが、事業者としては、不利益が大きくない変更に関しては、事前周知期間として 2 週間以上は確保しておくことが望ましい。

---

61）定型約款 Q&A 138 頁。
62）松尾博憲「約款ルールへの対応状況と中期的な課題」Business Law Journal No.153（2020）25 ～ 26 頁。

第3部

# 広告や最終確認画面における表示に関する留意点

# 第1章
## 序論——BtoC-E コマースにおける<br>広告等表示規制概観

　BtoC-E コマースでは、対面性がなく、通常、事業者による広告が取引に関する事業者から顧客に対する唯一の情報提供手段となる。したがって、消費者の購入意思形成のために必要な情報が適切に広告に表示され、不当な誘引が行われることのないよう、種々の規制が存在する。

　まず、特商法上の通信販売に関する広告・表示規制として、一定の事項の表示義務と、誇大広告の禁止が存在する。表示義務は、広告画面と最終確認画面で問題となる。誇大広告該当性が問題となる場合は、景品表示法の禁止する優良誤認表示・有利誤認表示該当性も問題となる。また、電子メール広告については、特商法及び特定電子メール法による規制が存在する。

　**第3部**では、①BtoC-E コマースにおける広告表示上の必要的表示事項及び電子メール広告規制（**第2章**）、②最終確認画面における必要的表示事項等（**第3章**）、③広告表示における不当表示の禁止（**第4章**）、④消費者契約法の不当勧誘ルールとの関係（**第5章**）に分けて解説する。これら広告や表示に関する規制に違反する場合や、不当勧誘を行う場合のリスク概要について、下表1及び同2で整理したのであわせてご参照いただきたい。

　ところで、通信販売においては、詐欺的な定期購入商法による被害が多く報告されていた。例えば、実際には定期購入契約であるにもかかわらず、消費者がそれを容易に認識できないようにし、「お試し500円」といった初回の割引価格のみ表示して消費者を誘引する例や、消費者に対して、定期購入であるがいつでも解除可能としつつ、実際には解除のための電話に応じなかったり、商品発送の相当前の解除の意思表示を求めたりする等、

解除のためのハードルを意図的に上げる等の事例がみられる[1]。

　2021年特商法改正は、このような詐欺的な定期購入商法への対策を主な内容の1つとして行われた。ただし、当該改正は、いずれも、定期購入商法のみを対象とするものでなく、通信販売取引一般を広く対象としている。そのため、BtoC-Eコマースを行う企業としては、改めて、遵守状況の確認や対応を行う必要がある。2021年特商法改正は、一部の規定[2]を除き、2022年6月1日に施行されている。

<表1　刑罰・行政処分、取消しリスク>

| 行為 | リスク |
| --- | --- |
| 広告における表示義務違反（特商法11条） | ・行政処分：指示又は業務停止命令（特商法14条1項、15条1項、15条の2） |
| 虚偽・誇大広告（特商法12条） | ・刑罰：行為者に100万円以下の罰金（特商法72条1項1号）、法人に同額の罰金（同法74条1項3号）<br>・行政処分：指示又は業務停止命令（特商法14条1項、15条1項、15条の2） |

1）消費者庁「デジタル化に伴う課題等について」（2020年6月29日）<https://www.caa.go.jp/policies/policy/consumer_transaction/meeting_materials/assets/consumer_transaction_cms202_200629_02.pdf>。
2）送り付け商法（ネガティブ・オプション）に関する改正部分（特商法59条1項の改正及び59条の2の新設）は、2021年7月6日に施行された。改正前は、売買契約に基づかないで送付された商品について、消費者が14日保管等した後に処分が可能とされていたが、改正に伴い、直ちに処分等が可能となった。
　また、通信販売は適用対象外だが、契約書面等の交付に代えて、購入者等の承諾を得て、当該書面に記載すべき事項を電磁的方法により提供することができるものとする旨の改正に関しては、公布の日から起算して2年を超えない範囲内に施行される（2021年特商法改正に係る改正法の附則1条ただし書3号）。

| | |
|---|---|
| 承諾を得ない電子メール広告の送信（特商法 12 条の 3 第 1 項） | ・刑罰：行為者に 100 万円以下の罰金（特商法 72 条 1 項 2 号）／行為者が提供した電子メール広告において、表示義務に違反したとき（特商法 11 条、12 条の 3 第 4 項）又は虚偽・誇大広告を行ったとき（特商法 12 条）は、行為者に 1 年以下の懲役又は 200 万円以下の罰金（特商法 72 条 2 項、併科あり）法人に同額の罰金（同法 74 条 1 項 3 号）<br>・行政処分：指示又は業務停止命令（特商法 14 条 1 項、15 条 1 項、15 条の 2） |
| 消費者から電子メール広告を受けない旨の意思表示を受けた後の電子メール広告の送信（特商法 12 条の 3 第 2 項） | ・刑罰：行為者に 100 万円以下の罰金（特商法 72 条 1 項 2 号）／行為者が提供した電子メール広告において、表示義務に違反したとき（特商法 11 条、12 条の 3 第 4 項）又は虚偽・誇大広告を行ったとき（特商法 12 条）は、行為者に 1 年以下の懲役又は 200 万円以下の罰金（特商法 72 条 2 項、併科あり）法人に同額の罰金（同法 74 条 1 項 3 号）<br>・行政処分：指示又は業務停止命令（特商法 14 条 1 項、15 条 1 項、15 条の 2） |

| | |
|---|---|
| 電子メール広告をすることについて消費者から承諾を得たこと等の記録・保存義務違反（特商法12条の3第3項） | ・刑罰：行為者に100万円以下の罰金（特商法72条1項3号）<br>　法人に同額の罰金（同法74条1項3号）<br>・行政処分：指示又は業務停止命令（特商法14条1項、15条1項、15条の2） |
| 特定申込みを受ける際の表示義務違反（特商法12条の6第1項） | ・刑罰：行為者に3年以下の懲役又は300万円以下の罰金（特商法70条2号、併科あり）<br>　法人に1億円以下の罰金（同法74条1項2号）<br>・行政処分：指示又は業務停止命令（特商法14条1項、15条1項、15条の2）<br>・消費者による意思表示の取消し（特商法15条の4第1項1号・2号） |
| 特定申込みを受ける際の不実表示（特商法12条の6第2項） | ・刑罰：行為者に100万円以下の罰金（特商法72条1項4号）<br>　法人に同額の罰金（同法74条1項3号）<br>・行政処分：指示又は業務停止命令（特商法14条1項、15条1項、15条の2）<br>・消費者による意思表示の取消し（特商法15条の4第1項3号・4号） |

| | |
|---|---|
| 申込みの撤回又は解除を妨げる不実告知（特商法 13 条の 2） | ・刑罰：行為者に 3 年以下の懲役又は 300 万円以下の罰金（特商法 70 条 1 号、併科あり）法人に 1 億円以下の罰金（同法 74 条 1 項 2 号）<br>・行政処分：指示又は業務停止命令（特商法 14 条 1 項、15 条 1 項、15 条の 2） |
| 申込み内容の確認・訂正機会を付与しない行為（特商法 14 条 1 項 2 号、特商法施行規則 16 条） | ・行政処分：指示又は業務停止命令（特商法 14 条 1 項、15 条 1 項、15 条の 2） |
| 優良誤認表示・有利誤認表示（景表法 5 条 1 号、同条 2 号） | ・措置命令（景表法 7 条 1 項）、課徴金納付命令（景表法 8 条 1 項）（措置命令違反時に刑罰あり） |
| 原産国告示違反など告示に違反する不当表示（景表法 5 条 3 号） | ・措置命令（景表法 7 条 1 項）（措置命令違反時に刑罰あり） |

＜表 2　適格消費者団体による差止請求リスク＞

| 行為 | 差止請求の根拠条文 |
|---|---|
| 不当勧誘（消費者契約法 4 条 1 項及び 2 項）[3] | 消費者契約法 12 条 1 項 |
| 虚偽・誇大広告（特商法 12 条） | 特商法 58 条の 19 第 1 号 |
| 特定申込みを受ける際の表示義務違反（特商法 12 条の 6 第 1 項） | 特商法 58 条の 19 第 2 号 |
| 特定申込みを受ける際の不実表示（特商法 12 条の 6 第 2 項） | 特商法 58 条の 19 第 3 号 |
| 申込みの撤回又は解除を妨げる不実告知（特商法 13 条の 2） | 特商法 58 条の 19 第 4 号 |

3）不当条項を含む消費者契約法の申込み又は承諾等（消費者契約法 8 ～ 10 条）についても、差止請求の対象となる（消費者契約法 12 条 3 項）。

| 優良誤認表示に相当する表示（景表法30条1項1号）、有利誤認表示に相当する表示（景表法30条1項2号） | 景表法30条1項 |
|---|---|

# 第2章
## BtoC-E コマースにおける広告表示上の 必要的表示事項及び電子メール広告規制

## Ⅰ 必要的表示事項

### 1 具体的な表示事項と表示方法

　BtoC-E コマースは、事業者が情報処理の用に供する機器（パソコン、スマートフォン等）により申込みを受けて行う商品の販売や役務の提供等であり、通常電話勧誘販売には該当しないため、特商法上の「通信販売」に当たる[4]（特商法2条2項、特商法施行規則2条2号）。

　販売業者等は、通信販売を行う場合に、商品の販売条件等について広告するときには、所定の事項を表示する義務を負う（特商法11条）。表示が求められる「広告」とは、事業者が申込みを受けて販売を行うことを意図していると認められるものをいう（特商法通達22頁）。例えば、電子メールにて広告する場合には、電子メールの本文及び本文中で示す URL により遷移するページ（リンク先）なども、一体的に「広告」に該当すると解されている（特商法通達22頁）。

　特商法上、必要事項の表示方法については特に定められていないが、基本的に、BtoC-E コマースの広告では、全てを確認するのに画面のスクロー

---

[4] インターネット通販を行う一方で、過去の注文者や新規顧客に対して電話で商品購入を勧誘し、当該勧誘により、当該勧誘の相手方から売買契約の申込みを郵便等により受け、又は当該勧誘の相手方と売買契約を郵便等により締結して商品を販売する場合には、「電話勧誘販売」に当たる（特商法2条3項）。その場合、クーリング・オフ制度の対象となり（特商法24条）、申込書面や契約書面の交付が必要となる（特商法18条、19条）など厳格な規制が適用される。電話勧誘販売を行おうとする際には、当該規制が適用されることを念頭に、事前に対策を講じる必要がある。

ルや画面の切替えを要さず済むよう記載することが望ましいとされている（特商法通達 28 頁）。

　また、特に、後記の表示事項⑤、⑦及び⑧は、事業者の属性に関するものであることから、広告中には、消費者が容易に認識することができるような文字の大きさ・方法をもって、容易に認識することができるような場所に記載しなければならず、広告の冒頭部分に表示する方法か、広告画面上に、当該表示事項が記載されていることが容易に判断できる表現（例：「特定商取引法に基づく表記」や「会社概要」）によりリンクや画面切り替えのためのタブを設定するなど、冒頭部分から容易に記載箇所への到達が可能となるような方法を用いて表示する必要がある（特商法通達 28 ～ 29 頁）。

　これらを踏まえ、表示事項⑤、⑦及び⑧について上記要請に対応する観点から、「特定商取引法に基づく表記」といったページを設け、それらの表示事項以外についても、ユーザーの利便性やわかりやすさの観点から、同ページで表示することが多い。もっとも、「特定商取引法に基づく表記」にまとめて記載することが困難な、商品固有の個別事情については、原則どおり、個別の商品広告画面（ページ）において表示することで足りる。

　電子メールで広告する場合に電子メール上で表示すべき事項を除くと、通信販売において、表示が求められる事項は、以下のとおりである（特商法 11 条、特商法施行規則 8 条）[5]。

## （1）常に表示すべき事項

> ①対価・送料（特商法 11 条 1 号）
> 商品の対価は、商品ごとに異なることが一般的であるため、個別の商品ページの中で記載し、「特定商取引法に基づく表記」では、「各商品ページに記載」といった記載にしておくことが多い。販売価格に送料が含まれる場合は販売価格のみの表示でよいが、送料が含まれない場合は販売価格とは別に送料について表示する必要がある。

---

5）以下の記述は、特商法通達 22 ～ 30 頁を参考にしている。

送料については、金額をもって表示する必要がある（特商法施行規則9条1号）。これは、購入者が予想外の費用を送料として負担することがないようにする趣旨である。広告スペースが不足している場合には、最低送料と最高送料のみの表示や平均送料等の表示も認められるが、インターネット上の表示であれば、広告スペースが不足する場合は想定し難い。そのため、地域、重量等で送料が異なる場合であっても、原則全ての場合の送料を表示するのが望ましい。

②対価の支払時期と支払方法（特商法11条2号）

「対価の支払時期」とは、前払い、代金引換え、後払いの区別や、後払いの場合の「商品到着後〇日以内」といった支払期限を指す。理論的には、クレジットカード利用の場合には、「支払時期」として、いつの時点でカード会社に対する請求確定処理を行うことになるのかを表示することが求められると考えられる。

ただ、特商法12条の6第1項に基づく最終確認画面の表示に関し、通信販売申込みガイドラインの16頁（画面例2）及び18頁（画面例4-1）では、（15頁や17頁とも比較すると）定期購入の場合を除き、クレジットカードについて決済時期を示すことが求められているわけではないと見受けられる。

広告画面表示に関する特商法11条に違反する場合の制裁として行政処分が定められているのに対し（同法14条及び15条）、最終確認画面表示に関する同法12条の6に違反する場合の制裁は行政処分に加えて刑罰が予定されており（同法70条2号）、最終確認画面の表示の方が、広告画面の表示に比べて厳格に運用される可能性がある。

このように考えると、広告画面表示においても、定期購入の場合を除き、クレジットカードについて決済時期を示すことが必ず求められるとまではいえないと解する余地がある。もっとも、時期について記載することに特段不都合はないであろうし、「商品発送時にご利用のクレジットカード会社へ代金決済処理を行います」のような記載を行う

ことが適切だろう。

「支払方法」とは、現金払い（代引き）、銀行振込、自社割賦、個別信用購入あっせん、クレジットカード、電子マネー等の区別を指す[6]。

③商品の引渡時期・サービスの提供時期（特商法 11 条 3 号）

商品の引渡時期は、「期間又は期限」をもって表示する必要がある（特商法施行規則 9 条 2 号）。具体的には、「入金確認後○日以内」や、「入金確認後○月○日まで」、「カード会社への代金請求決済処理完了後○日以内」のように明確に表示する必要がある。「ご注文いただいた順に発送」や、「当社で入金確認した後に商品発送」といった表示は、期間や期限を示しておらず、認められない[7]。

実務上、原則的な引渡時期に加えて、配送地域によっては追加で日数がかかる旨が表示されることがある。しかし、このような表示では、全ての配送先について「期間又は期限」をもって引渡時期を表示できているとはいえないだろう。このような場合に、「期間又は期限」をもって表示するには、一部の配送地域においてかかる日数も含めて、余裕をもって期間・期限を明示するか、あるいは、原則的な引渡時期の表示を維持するのであれば、追加で日数がかかる配送地域ごとに、追加日数を具体的に明示する必要があると考えられる。なお、最終確認画面での商品の引渡時期等の記載に関する脚注部分もご参照いただきたい（後記**第 3 章Ⅱ 2（2）**脚注 23）。

④契約の解除等に関する事項（返品特約を含む）（特商法 11 条 5 号）

まず、返品特約とは、商品に契約不適合がない場合における申込みの撤回や解除に関する特約（顧客都合の返品に関する特約）であり、商品に契約不適合がない場合にも返品を認めるか否か、認める場合にはその条件を表示する必要がある。

6）後藤巻則＝齋藤雅弘＝池本誠司『条解消費者三法』（弘文堂、2021）572 頁、圓山 294 頁。
7）「特定商取引法ガイド」と題するサイトにおける通信販売広告 Q & A の Q11
　　<https://www.no-trouble.caa.go.jp/qa/advertising.html#q11>。

また、返品特約以外の売買契約の「申込みの撤回」又は「契約解除」に関するルール（条件、方法、効果等）があれば、それも表示しなければならない。例えば、定期購入契約において解約の申出に期限がある場合には、当該申出の期限、期間を定めた定期購入契約における契約期間中の中途解約の可否、解約時に違約金等が発生する場合には、その旨及びその内容を表示する必要がある。また、解約方法を特定の手段に限定する場合、とりわけ、消費者が想定しないような限定がなされる場合には、当該内容について消費者が明確に認識できるよう、リンク先や参照ページの表示に委ねるのではなく、広告画面において表示する必要がある。

これらは、顧客にとって見やすい箇所において、明瞭に判読できるように表示する方法その他顧客にとって容易に認識することができるよう表示することが求められる（特商法施行規則9条3号）。2021年特商法改正により、「商品若しくは特定権利の売買契約」だけでなく、役務提供契約についても上記事項の表示が求められるようになった。

なお、2021年特商法改正に伴い、販売業者等は、通信販売に係る売買契約等の申込みの撤回又は解除を妨げるため、申込みの撤回若しくは解除に関する事項又は顧客が当該売買契約等の締結を必要とする事情に関する事項につき、不実のことを告げる行為が禁止されている（特商法13条の2）。

これらのうち返品特約の表示方法について、後記**II**で説明する。


⑤事業者の名称、住所、電話番号（特商法施行規則8条1号）

個人事業者の場合は戸籍上の氏名又は商業登記簿に記載された商号を、法人の場合には登記簿上の名称を表示することが必要である。住所については、現に活動している住所を表示し、電話番号については確実に連絡が取れる番号を表示する必要がある[8)9)]。

## （2）条件に該当する場合に表示すべき事項

⑥申込みの期間に関する定めがある場合→その旨及びその内容（特商
法11条4号）

2021年特商法改正で新設された項目である。「申込みの期間に関する
定めがあるとき」とは、商品の販売等そのものに係る申込み期間を設
定する場合（購入期限のカウントダウンや期間限定販売など）をいう。
期間限定での販売条件（期間限定の価格や特典など）は、ここでの「申
込みの期間に関する定めがあるとき」には該当しない。そのため、例
えば、個数限定販売、タイムセール、期間限定ポイント還元、期間限
定で送料無料、期間限定割引を行う場合は、特商法11条4号に基づ
く表示の対象外である。表示に当たっては、消費者が当該期間の存在
と具体的な期間を明確に認識できるようにする必要がある。例えば、
「今だけ」など、具体的な期間が特定できないような表示では、表示
義務を果たしたことにはならない。

⑦事業者が法人であり、インターネット等により広告をする場合→代
表者の氏名又は通信販売業務責任者の氏名（特商法施行規則8条2
号）

「代表者」とは、代表取締役など法律上の代表権を有する者をいい、「通
信販売に関する業務の責任者」とは、通信販売に関する業務の担当役
員や担当部長など実務を担当する者の中での責任者をいう。

---

8) ノーアクションレター制度（法令適用事前確認手続）に基づく照会に対する消費者庁の回答
として、消費者からの架電に対して運営組織が受電できない場合があったとしても、運営組
織から委託を受けた業者が受電して不在折り返し対応を行い、後ほど運営組織から消費者に
連絡を行う等の対応をしている場合には、特商法11条及び特商法施行規則8条1号の規定に
は違反せず、また、当該対応が自動音声であることのみをもって、確実に連絡が取れる番号
か否かの該当性が変わるものではないとの判断が示されている（回答（2020年12月7日）
<https://www.caa.go.jp/law/nal/assets/consumer_transaction_cms202_210201_02.pdf>）。
9) 個人事業者については、一定の要件を満たす場合、通信販売の取引の場を提供するプラット
フォーム事業者やバーチャルオフィスの住所及び電話番号を表示することによっても、特定
商取引法の要請を満たすものと考えられている。

事業を継続する中でそれらの者が交代する場合には、適切に表示の変更を行えるよう、注意が必要である。

⑧事業者が外国法人又は外国に住所を有する個人であり、国内に事務所、事業所その他これらに準ずるものを有する場合（特商法施行規則8条3号）→当該事務所等の所在場所及び電話番号

2021年特商法改正に対応して、2022年の改正後特商法施行規則で新設された項目である。⑤と同様に、住所は番地、建物名、部屋番号等まで省略せずに表示し、電話番号については確実に連絡が取れる番号を表示する必要がある。

⑨対価・送料以外に購入者等が負担すべき金銭がある場合→その内容及び金額（特商法施行規則8条4号）

工事費、組立て費、設置費、梱包量、代金引換手数料等が考えられる。

⑩売買契約の目的物に契約不適合があった場合の売主の契約不適合責任に関する特約がある場合→その特約の内容（特商法施行規則8条5号）

売買契約の目的物に契約不適合があった場合の売主の契約不適合責任について、民法の定めとは異なる内容を特約として合意する場合には、その内容を表示する必要がある[10]。

⑪ソフトウェアに関する取引である場合→ソフトウェアの動作環境（特商法施行規則8条6号）

サービスを利用できるOSの種類、CPUの種類、メモリの容量、ハードディスクの空き容量等を表示する。

---

10) 特商法施行規則は、当該特約が存在する場合に全て有効として取り扱うことは想定しておらず、別途、消費者契約法の不当条項規制（同法8条2項、8条の2、10条）等との関係を考慮する必要がある。

⑫商品・特定権利の売買契約又は役務提供契約を「2回以上継続して締結する必要がある」場合→その旨及び金額、契約期間その他の販売条件又は提供条件（特商法施行規則8条7号）

特商法通達では、「初回お試し価格」等と称して安価な価格で商品を販売する旨が表示されているが、当該価格で商品を購入するためにはその後通常価格で○回分の定期的な購入が条件とされている場合が例として挙げられている。

「商品の売買契約等を2回以上継続して締結する必要がある」場合が意味する内容は必ずしも明らかではないが、定期購入契約において、1回目の販売価格と2回目の販売価格が異なるように、取引条件が途中で異なるものとなる場合には、「商品の売買契約を2回以上継続して締結する必要があるとき」に該当すると考えられる。これに該当する場合は、その旨、各回の代金及び代金総額、契約期間（引渡回数）、各回の商品の引渡時期や対価の支払時期等を表示しなければならない。

「商品の売買契約を2回以上継続して締結する必要がある場合」に該当せず、1回の契約で複数回の商品の引渡しや代金の支払いを約することになる場合には、特商法11条1号～3号の規定により、各回の代金や代金総額、商品の引渡時期や対価の支払時期等を表示しなければならない。

上記のいずれの場合も、契約期間が事前に定まっていない場合には、一定期間ごとの支払総額（例：6か月だと○円、1年だと○円）を目安として表示しておくのが望ましいとされている[11]。

なお、**第3章Ⅱ2（2）**で後述するが、最終確認画面では、分量の表示が必要であり、より具体的な条件の表示が求められる。

⑬販売数量制限等の特別な販売条件がある場合→販売条件の内容（特

11）消費者庁ウェブサイト「通信販売（いわゆる定期購入契約）Q&A」（2017年12月20日）<https://www.caa.go.jp/policies/policy/consumer_transaction/amendment/2016/pdf/amendment_171220_0001.pdf>。

商法施行規則 8 条 8 号）

「特別な条件」の例としては、販売数量に限定がある場合（先着〇個等）、販売地域に限定がある場合等が考えられる。商品ごとに「特別な条件」が異なる場合には、当該商品ページの中で条件を記載することで足りる。

⑭電子メールで広告する場合→電子メールアドレス（特商法施行規則 8 条 10 号）

通信販売電子メール広告をするときは、販売業者等の電子メールアドレスを表示する必要がある[12]。

## 2　表示事項の省略

　広告のスペースが限られているなどの理由により、全ての事項を広告において表示することが困難な場合もあるため、一部の表示事項については、表示を省略するという扱いも認められている（特商法 11 条ただし書）。かかる省略をするためには、消費者からの請求により、表示事項を記載した書面か電磁的記録を遅滞なく交付・提供する旨を表示し、かつそのような体制を整えておかなければならない。

　もっとも、広告スペースが充分にとれる場合には、法定の表示事項を「遅滞なく」提供するよりも全て表示することが望ましいとされている[13]。E

---

[12]　通信販売メール広告をする際に販売業者等の電子メールアドレスの記載が求められる趣旨は、消費者が取引内容について確認などする場合の諸連絡に必要であるという点にある（梶村太市他『新・特定商取引法』205 頁）。当該趣旨を踏まえると、メールアドレスの代わりに問合せフォームの URL を記載することが許容されるようにも思える。
　しかし、通信販売メール広告の提供を受けない旨の意思表示をするための連絡方法の表示としては、電子メールアドレスと URL のいずれかを記載することが許容され、2 つの方法が明示的に記載されている（特商法施行規則 11 条の 6）。これに対し、通信販売メール広告を行う場合は、当該 URL の表示は許容されていない。
　そのため、通信販売メール広告をする際に、メールアドレスの代わりに問合せフォームの URL を記載するだけでは⑬に対応したことにはならず、電子メールアドレスを明示する必要があると考えられる。
[13]　特商法解説 75 頁。

コマースでは、広告スペースが充分に確保できる場合が多いので、基本的
に表示事項は省略せずに全て表示するのが望ましい[14]。

## Ⅱ　広告における返品特約の表示

　返品特約ガイドラインを踏まえると、返品特約をインターネット広告で
表示する場合には、基本的には以下の点を満たす必要があると考えられる
（返品ガイドライン１～３、６～８頁）。購入する消費者の目線に立ってわか
りやすい表示を意識することが重要だろう。

---

・表示サイズ・表示箇所については、消費者が明確に認識しやすい方
　法による。
・返品特約以外の事項と明確に区別する。
・返品特約の表示、契約不適合責任に関する特約（特商法 11 条５号、
　特商法施行規則８条５号）の表示又は双方の表示のいずれであるか
　明確にする。「○日間に限り返品に応ずる」、「返品に応じない」だ
　けでは不十分。
例１：返品特約のみの表示例
「商品に欠陥がない場合であっても、○日間に限り返品に応ずる」
「商品に欠陥がある場合を除き、返品に応じない」
例２：双方の表示例
「商品に欠陥がある場合に責任を負うとともに、商品に欠陥がない
　場合であっても○日間に限り返品に応ずる。」
「商品に欠陥がある場合は責任を負うが、商品に欠陥がない場合は
　返品に応じない」
・詳細については「特定商取引法に基づく表記」等のリンク先に委ね

---

14) 例えば自宅で事業を運営する個人事業者が、住所や電話番号をウェブページに常に示すこ
　とに抵抗があるといった場合には、本文記載の表示をし、かつ体制を整えることで省略する
　といったことはあり得るだろう（「特定商取引法ガイド」における通信販売広告Ｑ＆Ａの
　Q17）。

る場合でも、重要事項である返品可否に関し特商法の原則よりも不利益な内容を定める場合（条件、手続など）、その内容は広告内で明瞭に表示する。

また、リンク先においても、返品特約の位置が一見して確認可能な形で表示し、重要事項については、その他の特約事項よりも明瞭な方法で表示する。

例：商品価格等、消費者が必ず確認すると考えられる事項の近い場所に、商品価格等と同じサイズで表示

・1つのウェブページ内の各広告商品について、異なる返品特約が適用される場合には、その対応関係を明確にする。

例：「飲食料品（サプリメントは含まず。）は返品不可」

なお、返品特約は、広告画面のみならず、最終確認画面においても、顧客にとって容易に認識することができるように表示する必要がある（特商法11条4号、15条の3第1項ただし書、特商法施行規則9条3号、16条の3）。

## コラム（1）　ご利用ガイド・ヘルプページの意義

BtoC-E コマースでは、ウェブサイト上にご利用ガイドやヘルプページが設けられることがある。これらは、一般的には、特商法に基づく必要事項の表示義務への対応を行った上で、追加的に、提供しているサービス内容や機能、契約内容等を、顧客に対して具体的にわかりやすく説明することが目的として作成されるものであるが、事業者にとっても活用の余地はあると考えられる。

例えば、ご利用ガイド・ヘルプページで、規約における重要な条項の内容を示すことがある。事業者において規約を用意したとしても、顧客が契約前に実際に規約全てに目を通すとは限らないが、規約における重要な条項の内容をご利用ガイドやヘルプページに示すことで、顧客の認識可能性を高めることができる。その結果、これらの条項の不当条項該

当性が問題となった場合にも、不当条項該当性を否定する一要素になると考えられる。規約における具体的な条項の解釈が問題となった場合にも、ご利用ガイドやヘルプページにおいて事業者がどのように説明をしているかは重要な手掛かりとなり得る。

　このように、ご利用ガイドやヘルプページには、事業者としても活用の余地がある。ただ、それらの内容が規約の内容と相違し、当該ご利用ガイド等の内容の方が顧客にとって有利な場合には、当該ご利用ガイド等の内容に基づいて個別に契約したと判断される可能性はある[15]。事業者としては、規約の他に、ご利用ガイドやヘルプページを活用しようとする際には、それらの整合性を確保することが肝要である。

# Ⅲ　電子メール広告規制

　BtoC-Eコマースにおける電子メール広告には、特商法及び特定電子メール法の規制が及ぶ。どちらの法律においても、オプトイン規制が採用されており、消費者の同意又は請求がない限り、電子メールによる広告の送信は禁止される（特商法12条の3第1項、特定電子メール法3条1項1号）。

　サイト表示との関連では、消費者の同意をどのように担保するかという点が重要となる。特商法上は、顧客による電子計算機の操作が電子メール広告を受けることについての承諾又は請求となることを、顧客が当該操作を行う際に容易に認識できるよう表示することが求められている（特商法14条1項3号、特商法施行規則16条2項）。特定電子メール法でも、広告メールを送信することについて同意が取得されているかどうかは、①通常の人

---

15) 準則では、Q&A、FAQ、ヘルプ、よくある質問などの名称でウェブサイト上に掲載される取引に関する情報は、ウェブサイトの利用者に対する情報提供を目的として掲載されているものであり、契約の内容とすることを目的として準備された条項の総体ではないと解される場合が多く、また、「特定商取引法に基づく表記」も、契約の内容とすることを目的として準備されたものであることを明らかにする手段が特に講じられていなければ、契約の内容とすることを目的として準備された条項の総体ではないと解される可能性もあるとされている（準則26頁）。もっとも、Q&Aやご利用ガイド上で、規約の内容と整合しておらず、消費者に有利な内容を敢えて明確に示す記載するような場合には、当該記載を内容とする契約が成立すると指摘される可能性は否定できない。

間であれば広告メールの送信が行われることが認識されるような形で説明等が行われているか、②賛成の意思表示があったといえるか、といった観点から判断されると解されており、どちらの法律においても同趣旨の対応が求められていると考えられる。

　具体的な同意取得の方法としては、特商法通達の別添6「電子メール広告をすることの承諾・請求の取得等に係る『容易に認識できるように表示していないこと』に係るガイドライン」と、特定電子メールガイドラインが参考になる。

　例えば、特定電子メール法との関係では、「同意」を取得する際には上記①（通常の人間であれば広告メールの送信が行われることが認識されるような形で説明等が行われること）が求められているところ、「約款や利用規約が長くウェブサイトを膨大にスクロールして、注意しないと認識できないような場所に記載されている場合などのように、通常の受信者であればそれに気付くとは考えにくい場合などは、受信者が認識できるように表示されているとはいえない」と指摘されている[16]。その結果、規約の条文において、広告メールを配信する旨を規定していたとしても、顧客から広告メールが送信されることについて同意を取得したとはいえないおそれがある。このように、特定電子メール法における「同意」の取得に際しては、受信者の認識可能性が実質的に考慮される可能性があるので、注意が必要である。

　ウェブサイトやアプリ上で、広告メールを配信することに同意する旨の文言とともにチェックボックスを設けておき、顧客にチェックをさせることにより、明確に同意を取ることが望ましく、実務上もこのような対応が一般的だろう。

　また、チェックボックスへのチェックによる同意取得の方法としては、デフォルトオン（同意する旨のチェックボックスにあらかじめチェックがされている状態）とデフォルトオフ（あらかじめチェックがされておらず、顧客にチェックをさせるもの）の2通りが考えられる。特商法・特定電子メール

16）特定電子メールガイドライン4頁。

法上、デフォルトオンが一律に禁止されるわけではない。

　しかし、デフォルトオンと比較してデフォルトオフの方が、顧客の意思がより明確に表示されることになるのは確かであり、特定電子メールガイドラインでは、サービスの内容等にもよるが、その実施が可能な場合には、デフォルトオフによることが推奨されている[17]。仮にデフォルトオンを採用する場合であっても、顧客がデフォルトオンとなっていることを容易に認識できるよう、サイトの表示方法には注意する必要がある。

---

17) その他、デフォルトオンで同意を取得する場合には、例えば、チェックボックスのチェックを外さない場合には送信に同意したこととなる旨の記載やチェックの外し方に関する記載を利用者が容易に認識できるようにわかりやすく表示することや、チェックボックスが複数ある場合には、一括で全てのチェックを外す機能を有していること等が推奨されている（特定電子メールガイドライン8頁）。

# 第3章
## 最終確認画面における必要的表示事項等

## I 最終確認画面の意義及び 2021 年特商法改正後の規制概観

　近年の BtoC-E コマースでは、申込内容の入力画面とは別に、「最終確認画面」として申込内容を表示し、そこで訂正する機会を与える仕組みにするのが一般的となっている。これは、特商法や電子契約法の規定を意識したものである。

　特商法は、①販売業者等の定める様式の書面又は② BtoC-E コマース（インターネット通販）により顧客が行う売買契約や役務提供契約の申込みを、「特定申込み」と定義している。販売業者等は、当該申込みを受ける際には、①申込みに係る書面（申込はがきや申込用紙等を指し、以下「申込書面」という。）又は②申込みに係る手続が表示される映像面における表示内容について、以下の規律を受ける（特商法 12 条の 6）。これは、2021 年特商法改正により整備されたものである。

　いわゆる最終確認画面を設けている場合には、最終確認画面が「特定申込みに係る……手続が表示される映像面」に該当するが、表題の有無や形式にかかわらず、消費者が画面内に設けられている申込みボタン等をクリックすることにより契約の申込みが完了する画面であれば該当する（通信販売申込みガイドライン 2 頁）[18]。ただし、「契約の申込み内容の確認画面

---

18）例えば、広告や注文内容等の入力から注文内容の確認まで、画面の遷移を経ることなくスクロールによって一連の画面として表示されるような場合には、最終的な注文内容の確認に該当する表示部分が「特定申込みに係る……手続が表示される映像面」に当たる（通信販売申込みガイドライン 2 頁）。

の後に、クレジットカード情報等の決済に必要な情報の入力等の手続のみ別の画面に遷移して行い、決済事業者による承認が完了した段階で契約の申込みが完了するような仕様の場合には、当該遷移をする前の、契約の申込み内容の確認画面が最終確認画面に当たる」[19]。

> （ⅰ）特定申込みを受ける際の表示義務
> 販売業者等は、特定申込みを受ける際、申込書面や「特定申込に係る…手続が表示される映像面」に、①販売する商品等の分量、②商品等の対価、③商品等の対価の支払時期と方法、④商品等の引渡時期、⑤申込みの期間に関する定めがある場合は、その旨とその内容、⑥申込みの撤回又は解除に関する事項（返品特約を含む）を表示しなければならない（特商法12条の6第1項）。②～⑥は、広告における表示事項でもある（特商法11条1～5号）。
> これに違反した場合、罰則（行為者に3年以下の懲役又は300万円以下の罰金、併科あり〔特商法70条2号〕、法人に1億円以下の罰金〔同法74条1項2号〕）、行政処分（指示又は業務停止命令（特商法14条1項、15条1項））の対象となる。また、事実に反する表示又は上記①～⑥の表示をしないことにより、消費者が誤認して特定申込みの意思表示をした場合、当該消費者は、当該意思表示を取り消すことができる（特商法15条の4第1項1号・2号）。
>
> （ⅱ）特定申込みを受ける際の不実表示の禁止

---

19) 通信販売申込みガイドラインパブコメNo.5及びNo.6の意見を踏まえ、成案公表時に追記された。特にNo.5の意見の内容を考慮すると、決済事業者の表示システムについて、販売事業者等が直接管理することが困難であることが当該追記の前提になっていると解される。そのため、決済事業者の表示システムについて販売事業者等が直接管理することが困難でない場合は、原則に戻って、「消費者がその画面内に設けられている申込みボタン等をクリックすることにより契約の申込みが完了することとなる画面」が最終確認画面となると整理することもあり得るように思える。
　　ただ、通信販売申込みガイドライン2頁の注2では、販売事業者等による管理可能性について言及されておらず、決済事業者の表示システムについて販売事業者等が管理可能である場合に、「遷移をする前の、契約の申込み内容の確認画面」を最終確認画面と捉えて表示することも、許容されていると考えられる。

販売業者等は、申込書面や「特定申込に係る……手続が表示される映像面」において、(a) 当該書面の送付又は当該申込手続に従った情報の送信が通信販売に係る売買契約等の申込みとなることにつき、人を誤認させるような表示をしてはならない(特商法12条の6第2項1号)。また、(b) 上記①〜⑥の事項について、人を誤認させるような表示をしてはならない（同項2号）。

上記（a）又は（b）に違反した場合、罰則（行為者に100万円以下の罰金、併科あり〔特商法72条1項4号〕、法人に同額の罰金〔同法74条1項3号〕）、行政処分（指示又は業務停止命令（特商法14条1項、15条1項））の対象となる。また、当該違反する表示により、消費者が誤認して特定申込みの意思表示をした場合、当該消費者は、当該意思表示を取り消すことができる(特商法15条の4第1項3号・4号)[20]。

　また、特商法上、販売業者等が顧客の意に反して通信販売に係る売買契約等の申込みをさせようとする行為が禁止されている（特商法14条1項2号）。BtoC-E コマースとの関係では、次の行為が禁止され（後記 II 4）、当該禁止に違反した場合、行政処分（指示又は業務停止命令（特商法14条1項、15条1項））の対象となる。

---

20) 消費者庁は、2019 年 9 月 13 日、viagogoAG が、「viagogo」と称するチケット転売サイトにおいて、「チケット購入希望者が多いため、購入完了まで 6 分とさせていただきます。完了できない場合は、お客様のチケットは一般に販売されることになります。もうすぐ完売」などと表示した上で、「購入完了までの残り時間」のカウントダウン表示をしていたものの、実際には、他の購入希望者がいない限り、何度でも新たな残り時間が付与される仕組みであった事案につき、消費者安全法 38 条に基づき注意喚起を行った（虚偽・誇大な広告・表示及び不実告知）(消費者庁ウェブサイトの「政策」タブをクリックして表示される「消費者政策」ページから遷移した「財産分野の注意喚起（消費者安全法に基づくもの）」ページ（2019 年 9 月 13 日 公 表 )) <https://www.caa.go.jp/notice/assets/consumer_policy_cms101_190913_0001.pdf>。
BtoC-E コマース企業が上記のような虚偽のカウントダウン表示を行うような場合には、事案次第で景品表示法の有利誤認表示や特商法の虚偽・誇大表示に該当する可能性があるが、行政処分の定めはあるものの民事的な効果は直接的には定められていなかった。今般、「申込みの期間」の不当表示があった場合も、本文記載の特定申込みによる意思表示の取消しの対象とされた。

> 販売業者等が電子契約の申込みを受ける場合において、申込みの内容
> を、顧客が電子契約に係る電子計算機の操作を行う際に容易に確認し
> 及び訂正できるようにしない行為（特商法施行規則16条1項）
> （2021年特商法改正に伴う特商法施行規則改正前は、販売業者等が電
> 子契約の申込みを受ける場合において、電子契約に係る電子計算機の
> 操作が当該電子契約の申込みとなることを、顧客が当該操作を行う際
> に容易に認識できるように表示しない行為（改正前の特商法施行規則
> 16条1項1号）も禁止対象とされていたが、特商法12条の6第2項
> 1号と重複するため、削除された）

　民法上、表意者に重過失がある場合には錯誤を理由に意思表示を取り消すことはできないが（民法95条3項）、電子消費者契約においては、消費者が操作ミスをすることが想定されることから、原則民法95条3項は適用されず、消費者に重過失がある場合にも錯誤を理由に意思表示を取り消すことができるとされている（電子契約法3条1号）。ただし、①消費者が申込みを行う前に、消費者の申込みを行う意思の有無について、確認を求める措置を事業者が講じた場合、又は②消費者が自ら確認措置が不要である旨意思表明をした場合には、この限りではなく、消費者に重過失がある場合には、消費者は錯誤を理由に意思表示を取り消すことはできなくなる（電子契約法3条1号ただし書）。

　上記のとおり、特商法上の規律内容を満たし、かつ、電子契約法上求められる確認措置を講じるために、最終確認画面が設けられることが多い。法令上、申込内容の入力画面と別に最終確認画面を設けることが必須とされているわけではないが、最終確認画面を設けることが一般化しており、特商法改正に伴い新設された「特定申込に係る…手続が表示される映像面」の表示義務への対応としては最終確認画面を設けて表示することが直接的である。また、申込内容の入力画面上のボタンクリックは最終的な意思表示ではないと誤認する消費者が存在する可能性もある。これらを踏まえると、2021年特商法改正後は、実務上、最終確認画面を設けることが必要

といえるだろう[21]。

# Ⅱ　最終確認画面における表示事項及び表示方法

## 1　通信販売申込みガイドライン

　2021年特商法改正前は、特商法14条1項2号・特商法施行規則16条1項に関する考え方について、特商法通達別添7「インターネット通販における『意に反して契約の申込みをさせようとする行為』に係るガイドライン」が公表されており、最終確認画面の内容を検討するに際して参考になった。

　もっとも、今般、2021年特商法改正に伴い、上記ガイドラインは廃止され、新たに通信販売申込みガイドラインが公表された。以下の記述は、通信販売申込みガイドラインを前提としている。同ガイドラインでは、末尾に複数の画面例が記載され、イメージしやすいため、実際に検討する際は、当該画面例含め同ガイドラインも併せてご参照いただきたい。

## 2　表示事項

### （1）　広告との関係

　事業者は、前記第2章Ⅱのとおり、広告において一定の事項を表示する義務を負う。広告とは、契約の締結に向けて誘引するために消費者を対象としてなされる表示である。これに対し、特定申込みに係る手続が表示される映像面とは、消費者が実際に申込みを行う前に申込内容を一覧性をもって確認できるよう、消費者の個別の申込内容を表示した画面であり、広告とは異なるものである。一部の表示事項は広告と共通するが、最終確

---

21）　広告の必要的記載事項及び「特定申込に係る……手続が表示される映像面」の表示事項を同一ページに記載し、ページを戻すためのボタンを設定しつつ1クリックで注文が確定することを明示するといった場面では、最終確認画面は不要にはなるものの、現実的には想定し難いと思われる。

認画面でも再度表示する必要がある[22]。

## （2）具体的な表示項目

最終確認画面において表示することが必要な具体的項目は、次の６つである。

---

①販売する商品等の分量
②商品等の対価
③商品等の対価の支払時期と方法
④商品等の引渡時期
⑤申込みの期間に関する定めがある場合は、その旨とその内容
⑥申込みの撤回又は解除に関する事項（返品特約を含む）

---

このうち、②〜⑥においては、広告における表示事項と共通している。基本的に、広告における表示内容と共通するが、以下の点には留意が必要である。

まず、①の商品等の分量は、購入申込みを行う時点まで確定しないため、広告の必要的記載事項ではない。他方、最終確認画面では、事業者は、販売する商品等の態様に応じてその数量、回数、期間等を消費者が認識しやすい形式で表示する必要がある。

また、②の対価・送料について、広告においては個別の商品等の価格を示すことが求められている。これに対し、最終確認画面においては、消費者の入力内容に応じて最終的な申込み内容を表示することが可能であることから、複数商品を購入する場合には支払総額についても併せて表示する必要がある。

④商品の引渡時期について、最終確認画面において、基本的に広告の表示方法と同様に表示する必要がある。したがって、基本的には、期間又は

---

22）ただし、**(4)** で後述するとおり、一定の場合には広告部分の該当箇所等を参照することは妨げられず、この場合には広告における該当箇所の表示を含めて特商法 12 条の 6 第 1 項の表示と捉えることになる（通信販売申込みガイドライン 3 頁）。

期限をもって具体的に引渡時期を表示する必要がある。ただし、パブリックコメント手続における回答では、商品の到着日を特定することが困難な場合であれば、発送時期やお届け日、それを確定することが困難である場合には時期の目安等を、事業や輸送形態等に応じた形で表示することを許容する趣旨の解説が行われている[23]。

⑥について、（単品購入、定期購入を問わず）契約の申込みの撤回又は解除に関して、その条件、方法、効果等について表示する必要がある。「返品特約」として商品に契約不適合がない場合にも返品を認めるか否か、認める場合にはその条件等を表示する必要がある。

最終確認画面の例は、以下のとおりである（通信販売申込みガイドラインの画面例1）。

---

23) 通信販売申込みガイドラインパブコメ No.82 の意見に対する消費者庁の回答。これは最終確認画面における表示に関するものであるが、期間又は期限をもって表示することが求められる広告における引渡時期の表示（特商法施行規則9条2号）についても、このような目安等の表示が許容されるのか、整理が求められる。

## 【画面例１】第12条の６に違反しないと考えられる表示

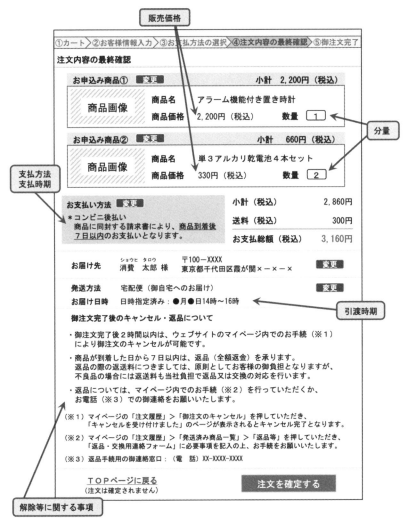

## （3）定期購入契約

定期購入契約の表示項目については、通信販売申込みガイドラインを踏まえ、次のとおり整理できる。

①商品等の分量

有期の（期間の定めのある）定期購入契約においては、各回に引き渡す商品の数量等のほか、当該契約に基づいて引き渡される商品等の総分量が認識できるよう、引渡回数、期間等も表示する必要がある。自動更新のある定期購入契約の場合には、その旨表示する必要がある。

これに対し、消費者が解約を申し出るまで定期的に商品の引渡しがなされる無期限の定期購入契約の場合には、引き渡される商品等の総分量を示すことが不可能であり、引渡回数や期間等の記載は求められないものの、無期限である旨を明確に表示する必要がある。また、目安にすぎないことを明確にした上で、一定期間（例えば半年や1年単位）の分量を表示することが望ましい。

②対価・送料

定期購入契約では、各回の代金のほか、消費者が支払うこととなる代金の総額を明確に表示しなければならない。例えば、初回と2回目以降の代金が異なるような場合には、初回の代金と対比して2回目以降の代金も明確に表示しなければならない。

無期限の定期購入契約の場合には、代金の総額について表示することは求められないが、①と同様に、目安にすぎないことを明確にした上で、一定期間に区切った支払額を表示することが望ましい。

③対価の支払時期と支払方法

定期購入契約の場合、各回の対価の支払時期を明確に表示しなければならない。この点は、無期限である場合も同様と考えられる。

④商品等の引渡時期

定期購入契約の場合、各回の商品等の引渡時期を明確に表示しなければならない。この点は、無期限である場合も同様と考えられる。

⑤売買契約の解除等に関する事項（返品特約を含む）

　定期購入契約においては、解約の申出に期限がある場合は、当該申出期間を表示する必要がある。また、解約時に違約金その他の不利益が生じる契約内容である場合は、その旨及び内容を表示する必要がある。

　以上を踏まえた定期購入契約の最終確認画面の例は、以下のとおりである（通信販売申込みガイドラインの画面例３）。

**【画面例３】第12条の６に違反しないと考えられる表示（定期購入契約の場合）**

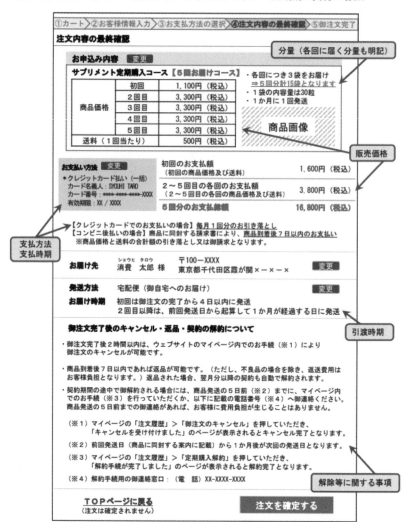

定期購入契約において、その内容を変更する際に、「通信販売に係る売買契約…の申込み…を受ける場合（特商法12条６第１項柱書）」に該当する

か否か（最終確認画面における記載事項の表示義務があるか否か）について、通信販売申込みガイドラインパブコメ No.193[24]の回答を考慮すると、定期購入契約の内容の変更が「実質的に新たな契約の申込みに該当すると解される場合」には、特商法上の最終確認画面における記載事項の表示義務があると考えられる。「実質的に新たな契約の申込みに該当すると解される」かどうかの具体的な判断基準は、パブコメ等において明らかにされておらず、「申込み」に該当するかを個別に解釈する必要がある。

### （4）表示方法

　Ｅコマースでは、画面のスクロールが可能であるため、最終確認画面における表示スペースが限られるということはない。したがって、原則、前記①〜⑥の項目を網羅的に最終確認画面に表示することが求められているといえよう。

　しかし、消費者が閲覧する際に用いる媒体により画面の大きさや表示形式が異なる場合や、例えばインターネットショッピングモール型の通販サイト等では複数の販売業者が販売する商品を一度に購入することが可能であり、商品ごとに販売条件が異なる場合があり得、最終確認画面に全ての表示事項を網羅的に記載すると、かえって消費者にとって認識が困難になることも考えられる。そのような場合には、消費者が明確に認識できることを前提として、最終確認画面に、「参照の対象となる表示事項及びその参照箇所又は参照方法を明示した上で、広告部分の該当箇所等を参照する形式」（例えばリンクを用いた表示）とすることも一般論としては認められている（通信販売申込みガイドライン4頁）。

　その際、消費者が明確に認識できるようにするためには、上記のように、「参照の対象となる表示事項及びその参照箇所又は参照方法を明示」する

24）（Q）例えばいわゆるサブスクリプションの契約について、その内容を変更するとき（例えば一ヶ月に利用できる回数を増減させたりする申し込みを受ける場合や異なる種類役務に変更する場合）には、本ガイドラインの最終確認画面・様式に関する義務を履行する必要はありますか。 以上について、ガイドライン等で明らかにされることを希望します。
　（A）当該契約内容の変更が、実質的に新たな契約の申込みに該当すると解される場合には、法第12条の6の適用対象となります。

とともに、リンク先や参照ページで当該事項を明確に表示する必要がある（発想としては、強調表示にハイパーリンクを設定してハイパーリンク先に打消し表示を行う場面〔後記**第4章Ⅱ2**〕に近い）。

表示事項のうち③及び④については、商品によって内容が異なる場合には、リンク表示等の方法は不適切であると考えられる。

⑥について、リンク表示等による場合のイメージとして、通信販売申込みガイドラインの画面例4－1及び4－2が参考になる。ただし、解約方法を特定の手段に限定する場合には、当該表示内容については、リンク表示に委ねるのではなく、最終確認画面で明確に表示する必要がある[25]（通信販売申込みガイドライン7頁。例えば、電話した上でメッセージアプリ等を操作する必要がある、解約受付を特定の時間帯に限定する、解約受付を電話のみでの受付とするといった場合である）。これに対し、消費者都合による解約を一切受け付けないとする場合の表示方法について通信販売申込みガイドライン上明示はされていないが、解約方法を限定する場合に明示が求められていることとのバランス上、その場合も最終確認画面上での明記が必要と考えられる。

なお、通信販売申込みガイドラインでは、一般的にリンクを用いた表示を許容する旨記載され、具体的な表示項目のうち③～⑥について、個別にリンクを用いた表示を行い得ること及び例外的に行えない場面があることが明示されている。これに対し、①販売する商品等の分量及び②商品等の対価については、上記のリンク表示等の方法をとることができるとは記載されていない。これは、①については、広告の必要的記載事項ではなく、最終確認画面以外に表示する場面がないこと、②については、消費者が複数商品を購入する場合、支払総額を表示する必要があるところ、個別の商品等の価格が表示された広告を参照しても不十分であることによると考えられる（個別の商品の価格についてリンクを用いた表示を禁止する趣旨とは解されないが、通常、個別の商品の価格についてリンクを用いて表示する必要は

---

25）当該限定の内容次第では、当該限定を定める条項につき、消費者契約法10条により無効とされる可能性がある。

ないだろう）。

## 3　消費者を誤認させるような表示の禁止

### （1）申込みとなることを誤認させる表示

　消費者による情報の送信が通信販売に係る売買契約等の申込みとなることにつき、消費者を誤認させるような表示は禁止される（特商法12条の6第2項1号）。申込み画面における情報の送信について、それが有償の契約の申込みとなることを消費者が明確に認識できるようにする必要がある。顧客が「いま、最終的な売買契約の申込みの操作を行っている」と認識できるように表示することが重要である。例えば、最終確認画面において、「この内容で注文する」や「申込みを確定する」といったボタンが表示されており、それをクリックすれば申込みとなることが明らかな場合は、消費者を誤認させるものではないと考えられる。

　「いま、最終的な売買契約の申込みの操作を行っている」といえない例として、通信販売申込みガイドラインでは、最終的な申込みに当たるボタン上で、「送信」や「次へ」が表示されており、画面上の他の部分でも「申込み」であることを明らかにする表示がない場合が挙げられている（通信販売申込みガイドライン8頁）。また、通信販売申込みガイドラインでは申込書面に関する例として記載されているが、「無料プレゼント」等の文言を強調することで、有償の申込みであることがわかりにくくなっている場合は、最終確認画面との関係でも、（無償の取引であるとしか認識できないため）「いま、最終的な売買契約の申込みの操作を行っている」とはいえないだろう。

　実際の行政処分例として、最終確認画面において「ご注文完了ページへ」とのボタンにより、ダイエットサプリメントの定期購入契約の申込みを行わせていたという事案を紹介する。この事案では、当該ボタンのクリック又はタップ操作が、当該定期購入契約の申込みとなることを、顧客が当該操作を行う際に容易に認識できるように表示していないとして、特商法

12条の6第2項1号と同様の規制をしていた、2022年改正前の特商法施行規則16条1項1号に該当することから是正等の指示がされた（2019年12月25日）[26]。

### （2）法定の表示事項について誤認させる表示

特定申込みに係る手続が表示される映像面において、法定の表示事項を表示しているとしても、その意味内容を誤認させるような表示は禁止される（特商法12条の6第2項2号）。

「人を誤認させるような表示」に該当するかどうかは、その表示事項の表示それ自体並びにこれらが記載されている表示の位置、形式、大きさ及び色調等を総合的に考慮して判断される。

通信販売申込みガイドラインでは、例として、定期購入契約において、最初に引き渡す商品等の分量やその販売価格を強調して表示し、その他の定期購入契約に関する条件を、それに比べて小さな文字で表示することや離れた位置に表示していることなどによって、引渡時期や分量等の表示が定期購入契約ではないと誤認させるような場合が挙げられている。また、特に「お試し」や「トライアル」などと殊更に強調する表示は、一般的な契約と異なる試行的な契約である、又は容易に解約できるなどと消費者が認識する可能性が高いため、これに反して、実際には定期購入契約となっていたり、解約に条件があり容易に解約できない場合には、特商法12条の6第2項2号に該当するおそれが強いとされている（通信販売申込みガイドライン9頁）。

### （3）行政処分例

2019年以降では、詐欺的な定期購入商法をめぐる消費生活相談件数が増えていることに伴い、定期購入に関して「顧客の意に反して……申込みをさせようとする行為」に該当するとして、行政処分がなされる事例が登場している。2021年特商法改正において「詐欺的な定期購入商法」への

---

26) <https://www.caa.go.jp/notice/entry/018420/>

対策として種々の改正が行われた結果、今後は、（新設された）特商法 12
条の 6 第 2 項が適用されるなど適用される規制に変更が生じる可能性はあ
るが、規制対象に大きな違いはなく、さしあたり当該改正前の行政処分例
を整理する。

①株式会社 Super Beauty Labo に対する 2021 年 1 月 13 日の行政処分（3
　か月の業務停止命令及び指示)[27]
　健康食品の定期購入契約の申込みをさせる最終確認画面上において、各
回の商品の代金の支払時期及び当該定期購入契約の解約条件のうち解約方
法を表示しなかったことにより、特商法施行規則 16 条 1 項 1 号及び 2 号
該当性が認められた。
　また、このケースでは、問題となった定期購入契約は、最低 5 回商品を
購入することが条件となり、その上で購入者から解約通知がない限り契約
が継続する無期限の契約であったが、解約通知がない限り契約が継続する
無期限の契約である旨を明記せず、また、消費者が支払うこととなる商品
5 回分の支払総額及び最低 5 回購入の条件について、最終確認画面の最下
部に小さく目立たない色調で表示していたこと等をもって、特商法施行規
則 16 条 1 項 2 号該当性も認められた。

②株式会社 wonder に対する 2020 年 8 月 6 日の処分（6 か月の業務停止命
　令及び指示)[28]
　最終確認画面において、問題となった定期購入契約の主な内容である契
約期間について、購入者から解約通知がない限り契約が継続する無期限の
契約である旨を明記しなかったこと、解約条件について最終確認画面の最
下部の「特定商取引に関する法律」というリンク表示のみに記載し、当該
リンク表示を目立たずに表示していたことをもって、特商法施行規則 16
条 1 項 2 号該当性が認められた。

---

27) <https://www.caa.go.jp/notice/entry/022759/>
28) <https://www.caa.go.jp/notice/entry/020964/>

以上を踏まえると、最終確認画面では、定期購入契約の主な内容を、申込みとなるボタンの近くに明確に表示しておく必要がある。

## 4　確認・訂正機会の提供

詳細は通信販売申込みガイドラインをご覧いただきたいが、基本的に、以下の（あ）及び（い）を満たしているような場合には、特商法施行規則16条1項（確認・訂正機会の不提供）には該当しない。

（あ）最終確認画面で申込内容を示す又は注文内容確認画面へのリンクを設定
（い）最終確認画面で申込内容を訂正するための手段を提供

定期購入契約の内容自体が表示されていない場合や、定期購入契約の内容自体を誤認させるような表示を行っている場合は、特商法施行規則16条1項だけでなく、そもそも特商法12条の6に違反する。

他方で、申込みの内容として、一般的には想定されない設定をし、よほど注意していない限り申込内容を認識しないままに申し込んでしまうような場合には、特商法施行規則16条1項に抵触するものと考えられている（通信販売申込みガイドライン10頁）。

通信販売申込みガイドラインの画面例12では、「商品欄には特段の記載がない一方で、消費者が操作しない限り、定期購入契約として申し込むようにあらかじめ設定がなされているもの」が示されている。**コラム（2）**及び**(7)**で述べる、ダークパターン（ユーザーを知らず知らずのうちに不利益な意思決定を行うよう強制・誘導したり欺いたりしようとするウェブデザイン）への対応の一例ともいえよう。

## 【画面例12】第14条第１項第２号違反に該当するおそれのある表示

> 商品欄には特段の記載がない一方で、消費者が操作しない限り、
> 定期購入契約として申し込むようにあらかじめ設定がなされているもの

①カート ②お客様情報入力 ③お支払方法の選択 ④注文内容の最終確認 ⑤御注文完了

### 注文内容の最終確認

**お申込み内容** [変更]

**サプリメント（３袋セット） ※１袋当たり30粒**

| 商品価格 | 3,300円（税込） | |
|---|---|---|
| 送料（１回当たり） | 500円（税込） | 商品画像 |
| 合計金額 | 3,800円（税込） | |

**お支払い方法** [変更]

＊コンビニ後払い
　商品に同封する請求書により、商品到着後７日以内のお支払いとなります。

☐ １回のみのお届け（送料込みで総額3,800円・税込）

☑ ５回お届け定期購入コースに申し込む（送料込みで総額19,000円・税込）
　　※毎月１回発送。毎月３袋×５回分で合計15袋をお届けします。
　　※お支払については、毎月3,800円×５回分で合計19,000円となります。
　　　コンビニ後払いの場合の支払時期は各回の商品到着後７日以内です。

**お届け先**　ショウヒ タロウ　〒100－XXXX
　　　　　　消費　太郎 様　東京都千代田区霞が関×－×－×　[変更]

**発送方法**　宅配便（御自宅へのお届け）　[変更]
**お届け時期**　初回は御注文の完了から４日以内に発送
　　　　　　２回目以降は、前回発送日から起算して１か月が経過する日に発送

### 御注文完了後のキャンセル・返品・契約の解約について

・御注文完了後２時間以内は、ウェブサイトのマイページ内でのお手続（※１）により
　御注文のキャンセルが可能です。

・商品到着後７日以内であれば返品が可能です。（ただし、不良品の場合を除き、返品費用は
　お客様負担となります。）返品された場合、翌月分以降の契約も自動で解約されます。

・契約期間の途中で御解約される場合には、商品発送の５日前（※２）までに、マイページ内
　でのお手続（※３）を行っていただくか、以下に記載の電話番号（※４）へ御連絡ください。
　商品発送の５日前までの御連絡があれば、お客様に費用負担が生じることはありません。

（※１）マイページの「注文履歴」＞「御注文のキャンセル」を押していただき、
　　　　「キャンセルを受け付けました」のページが表示されるとキャンセル完了となります。

（※２）前回発送日（商品に同封する案内に記載）から１か月後が次回の発送日となります。

（※３）マイページの「お申込み履歴」＞「定期購入解約」を押していただき、
　　　　「解約手続が完了しました」のページが表示されると解約完了となります。

（※４）解約手続用の御連絡窓口：（電　話）XX-XXXX-XXXX

**ＴＯＰページに戻る**
（注文は確定されません）　　　　　　　**注文を確定する**

## 5 返品特約の表示

　前記**第 2 章 I 1（1）**で述べたとおり、インターネット通信販売におい
て事業者が返品特約を定めるためには、事業者は広告のみならず、最終の
申込画面において特約を表示することが必要である（特商法 15 条の 3 第 1
項ただし書、特商法施行規則 16 条の 3）。

　最終確認画面を設ける場合には、最終確認画面が最終の申込画面という
ことになるため、最終確認画面において返品特約を表示する必要がある。

# 第4章
# 広告表示における不当表示の禁止

## I 序論——広告表示における不当表示を規制する法令

　特商法は、「通信販売」における「広告」について、必要的表示事項を定めて当該事項の表示を強制するとともに（特商法11条）、虚偽・誇大広告の禁止も定めている（特商法12条）。他方、景品表示法は、自己の供給する商品・役務の「表示」に関し、優良誤認表示や有利誤認表示などの不当表示を禁止している（景品表示法5条）。

　このように、特商法の虚偽・誇大広告の禁止と景品表示法の不当表示の禁止には規制対象に相違があるものの、BtoC-Eコマースについてみると、両方適用対象になり得るし、景品表示法の優良誤認表示や有利誤認表示に該当する場合は、特商法の虚偽・誇大広告にも該当し得る。

　そのため、本書では、一般消費者向けの表示に関する基本法である景品表示法に基づく優良誤認表示と有利誤認表示の禁止を概観した上で（後記**II 1〜5**）、特商法に基づく虚偽・誇大広告の禁止にも少し触れる（後記**II 6**）。

　なお、本書では景品表示法と特商法に絞って記述するが、実際に広告表示を行う際には、不正競争防止法を含む知的財産法令、いわゆる業法（旅行業法等）、個別の表示規制（薬機法や健康増進法等）、業界ルール（公正競争規約）なども検討する必要がある。

# II 景品表示法及び特商法による不当表示の禁止

## 1 景品表示法概要

### （1）景品表示法の禁止する不当表示

　景品表示法は、一般消費者による自主的かつ合理的な選択を阻害するおそれのある行為を制限・禁止し、一般消費者の利益を保護することを目的とする（同法1条）。景品表示法は、上記目的の下、事業者が、次の不当表示を行うことを禁止している（同法5条1～3号）。

> ①自己の供給する商品・役務の内容について著しく優良であると一般消費者に誤認される表示（優良誤認表示）
> ②（当該商品・役務の）取引条件について一般消費者に著しく有利であると誤認される表示（有利誤認表示）
> ③おとり広告等告示により指定された不当表示

　景品表示法が禁止する「表示」には、包装、チラシ・パンフレット、新聞広告・テレビCM、ウェブサイト等のあらゆる広告が含まれる[29]。

### （2）優良誤認表示・有利誤認表示該当性の判断

　特定の表示が一般消費者に誤認される表示であるか否かは、景品表示法の目的に照らし、業界の慣行や表示をする企業の認識によるのではなく、表示の受け手である一般消費者に誤認されるか否かという観点から判断される。

　一般消費者に誤認されるか否かの判断は、一般消費者が表示を見て有する印象・認識が実際と相違するか否かの判断であり、表示上の特定の文章、

---

29）「不当景品類及び不当表示防止法第二条の規定により景品類及び表示を指定する件」（昭和37年6月30日公正取引委員会告示第3号）2。

図表及び写真等からではなく、表示内容全体から一般消費者が受ける印象・認識を基礎として総合的に行われる。その際、事業者の故意又は過失の有無は問題とならない[30]。また、現実に多数の消費者が誤認したことや、その表示に基づいて商品・役務を実際に購入した者が存在することは要件とされていない[31]。ここでいう「一般消費者」は、当該商品・役務についてそれほど詳しい情報・知識を有していない通常レベルの消費者、一般レベルの常識を有している消費者を指す[32]。

更に、「著しく」優良又は有利であると誤認されることは、その違いが、社会一般に許容される程度を超えて一般消費者による商品の選択に影響を与える場合に認められる。ただ、内容や取引条件は、通常、商品の選択上重要な要素を構成する。そのため、誤認させられた状態で自主的かつ合理的な選択を行うことは困難であり、それらについて「誤認される」場合には、通常、「著しく」の要件が認められると考えられる。

これらを整理すると、①特定の表示について、表示全体から一般消費者が通常受ける印象・認識と、実際の商品・役務の内容や取引条件との間に相違があり、かつ、②当該相違が、社会一般に許容される程度を超えて一般消費者による商品・役務の選択に影響を与えるものである場合には、当該表示は、優良誤認表示又は有利誤認表示に該当する。

消費者庁が、実際のものよりも著しく優良又は有利であると誤認される表示であると認定した措置命令の大部分は、（ⅰ）「あたかも○○かのように示す表示をしていた」にもかかわらず「実際には××であった」との事実認定と、（ⅱ）その表示が「著しく優良」又は「著しく有利」と誤認される表示であるため優良誤認表示や有利誤認表示に該当するとの判断を内

---

30) 消費者庁「不当景品類及び不当表示防止法第8条（課徴金納付命令の基本的要件）に関する考え方」（2016年）3～4頁、消費者庁「健康食品に関する景品表示法及び健康増進法上の留意事項について」（2016年）10頁。
31) 緑本59頁、東京地判令和元年11月15日（平成30年（行ウ）第30号。アマゾンジャパンによる景品表示法措置命令取消訴訟）。
32) 緑本62頁。大阪地判2021年4月22日（令和元年（行ウ）第73号、ライフサポートの措置命令取消訴訟判決〔確定〕）でも同様に判断されている。東京地判令和元年11月15日（平成30年（行ウ）第30号）でも、原告の主張に対応して、「『健全な常識を有する消費者』と限定的に解すべき法令上の根拠は見当たら」ないと判断された。

容とする。

　この「あたかも○○かのように示す表示をしていた」は、表示全体から一般消費者が通常受ける印象・認識が何かを示すものであり、当該印象・認識と実際の相違の有無（①）やその程度（②）についての検証が必要となる。

　これらの考え方を踏まえ、実際の措置命令事案を確認し、消費者庁が考える「一般消費者が通常受ける印象・認識」を把握することが重要である。実際の措置命令の対象表示を用いた分析について、古川昌平『エッセンス景品表示法』（商事法務、2018）80頁以下（特に81〜83頁）をご参照いただきたい。

### （3）優良誤認表示該当性に関する特別な手続（不実証広告規制）

　消費者庁は、特定の表示が優良誤認表示に当たるかを判断するために、必要がある場合には、その表示をした事業者に対し、15日以内に、その表示の裏付けとなる「合理的な根拠」を示す資料の提出を要求できる。この要求を受けた事業者が15日以内に資料を提出しない場合や、資料を提出したものの合理的な根拠資料とは認められない場合には、その表示は優良誤認表示と認定される（景品表示法7条2項、8条3項）。これは、一般的に、「不実証広告規制」と呼ばれている。

　最三判令和4年3月8日（令和3年（行ツ）第33号）では、不実証広告規制を定める景品表示法7条2項は、憲法21条1項、22条1項に違反しないと判断された。その際、「商品等の品質等を示す表示をする事業者は、その裏付けとなる合理的な根拠を有していてしかるべき」との考えも示されている。事業者としては、表示に先立ち「合理的な根拠」を確認すべき、とのメッセージと受け取れる。

　特定商品の表示について景品表示法の優良誤認表示であると認定されないためには、「合理的な根拠を示す資料」を提出できる必要がある。具体的には、（ⅰ）客観的に実証された内容の資料であり（資料の客観性）、かつ、（ⅱ）表示された効果、性能と提出資料によって実証された内容が適切に

対応している資料（表示と資料の整合性）を提出できる必要がある（不実証広告ガイドライン第2の1）。

　例えば、2020年度には、新型コロナウイルス感染症の拡大に乗じ、同ウイルスに対する予防効果を標ぼうする健康食品、マイナスイオン発生器、除菌スプレー等に関する広告に対し、迅速・厳正な運用が行われた。菌やウイルスに関する表示を行おうとする際は、不実証広告ガイドラインに従い、表示を見た一般消費者が有する認識・印象に対応する合理的根拠資料の提出があるといえるかの検証が不可欠である（消費者庁HP「表示に関するQ&A」のQ57～Q59に対する回答も参考になる。なお、本書では詳細省略するが、薬機法の規制を遵守することも当然必要である）。仮に、携帯型商品につき、身に着けるだけで身の回りの空間におけるウイルスや菌を除去する効果が得られるかのような表示をしようとする場合、当該表示に対応した試験結果を確認する必要があり、狭い密閉空間での実験結果があるだけでは表示内容と資料（資料）が対応せず、合理的根拠資料とは認められない。

## （4）景品表示法の不当表示規制に違反した場合の制裁等

　優良誤認表示や有利誤認表示を行った場合、行政庁（消費者庁又は都道府県）から、措置命令を受けることがある（景品表示法7条1項、不当景品類及び不当表示防止法施行令23条1項）。また、措置命令を受けた場合には、所定の例外事由に該当しない限り、消費者庁から課徴金納付命令を受ける（同法8条1項）。告示により指定された不当表示（前記 **1** の不当表示類型のうち③）を行った場合には、措置命令を受けることがある一方、課徴金の対象とはならない。

　措置命令等を受け、公表されると、不当表示の対象となった商品・役務や当該表示をした企業自身について信用を失うこととなる。

　また、優良誤認表示や有利誤認表示に相当する表示をした場合、適格消費者団体による差止請求の対象となる可能性もある（景品表示法30条1項）。

## 2 「打消し表示」に関する整理

### （1）「打消し表示」の意義と実態調査報告書

　自己の供給する商品・役務を一般消費者に訴求する際、断定的表現や目立つ表現（例：「業界No.1！」、「月額〇円のみ！」）などを使って、品質等の内容や価格等の取引条件を強調した表示を行うことがあり、一般的に「強調表示」と呼ばれている。これに対し、一般消費者がそのような強調表示から通常は予期できない事項であり、商品・役務を選択するに当たって重要な考慮要素となるものに関する表示は、「打消し表示」と呼ばれている（例：「〇〇分野におけるNo.1」、「一部例外があります」のほか、「結果には個人差があります」）。

　消費者庁は、2017年に打消し表示報告書を公表し、さしあたり強調表示と併せて打消し表示を付せば不当表示と判断されないわけではないことを改めて示した。2018年5月には「スマートフォンにおける打消し表示に関する実態調査報告書」、同年6月には「広告表示に接する消費者の視線に関する実態調査報告書」が公表され、これらを整理した「打消し表示に関する表示方法及び表示内容に関する留意点（実態調査報告書のまとめ）」も公表されている（いずれも消費者庁ウェブサイトで確認できる）。打消し表示報告書公表以降、消費者庁は、いわゆる打消し表示について、措置命令で明示的に評価・判断を相当数行っており、その際打消し表示報告書に沿った判断が行われている。

### （2）　基本的な考え方の整理

　打消し表示を行っても、一般消費者がそれを認識し、理解できない場合には、商品の内容・取引条件について、強調表示で示されたとおりの印象・認識を有する（誤認する）可能性がある。また、強調表示と打消し表示が矛盾する場合、一般消費者は何が示されているかよくわからず、結局強調表示の記載内容のみ認識する可能性がある。

　したがって、本来は、打消し表示を付さなくても誤認されないよう強調

表示の内容・表現を工夫することが適切であるが、仮に、打消し表示を行おうとする際には、打消し表示の（a）表示方法につき、実際に表示を見る一般消費者が当該打消し表示を認識できるか、（b）表示内容について、一般消費者が当該打消し表示として理解できるか、（c）強調表示と矛盾しないか、という3段階の検討が必要となる。

　このうち、一般消費者が打消し表示を「認識」できるかは、基本的に次の要素から検討される[33]。「強調表示と一体として認識」できるかが重要である。

①打消し表示の文字の大きさ
　→表示媒体の特徴も踏まえ、一般消費者が実際に目にする状況において適切と考えられる文字の大きさで表示する必要がある
②強調表示の文字と打消し表示の文字の大きさのバランス
　→①だけでなく、バランスが重要
③打消し表示の配置箇所
　→強調表示とどの程度離れているかだけでなく、上記①や②も勘案される
④打消し表示と背景の区別
　→背景の色と打消し表示の文字の色との組合せや、打消し表示の背景の模様等が勘案される

　また、ウェブページに関しては特に次のような点を考慮する必要がある[34]。

強調表示と打消し表示が1スクロール[35]以上離れているか
　→1スクロール以上離れて表示されている場合、一般消費者が打消し

---

33）打消し表示報告書46～48頁を参考に整理した。
34）打消し表示報告書51頁を参考に整理した。
35）その時点で表示されている画面の行数分だけ「1画面分下」に移動させることをいう（打消し表示報告書32頁脚注18）。

> 表示に気付かないときや、当該打消し表示がどの強調表示に対応する
> かを認識できないときには、打消し表示を正しく認識できない
> →一般消費者が打消し表示に気付かないか否かは、（ⅰ）強調表示の
> 前後の文脈や強調表示の近くにある記号等から一般消費者が打消し表
> 示の存在を連想できるか（強調表示を見た一般消費者を打消し表示の
> 場所まで誘導しているかを含む）、（ⅱ）どの程度スクロールする必要
> があるのかといった点が勘案される[36)]

### （3）ウェブページにおける打消し表示に関する参考事例

　ウェブページにおける打消し表示に関する参考事例として、消費者庁の
措置命令事案を2つ紹介する。

#### ア　株式会社エムアイカードに対する措置命令（2019年7月8日）

　株式会社エムアイカードは、自社カードに関し、ウェブページにて「グ
ループ百貨店内のお買物で初年度8％ポイントが貯まる！」など表示して
いたが、実際には、一定金額以下の商品や食料品等の購入時のポイント付
与率は1％であるなどの例外条件があり、優良誤認表示と判断された。

　その際、当該事案での打消し表示について、強調表示のページのうち強
調表示から離れた箇所に小さく示されたハイパーリンクをクリックしなけ
れば表示されないことなどから、強調表示を見た一般消費者の認識を打ち
消すものではないと判断された。

　前記（2）のとおり、打消し表示は、基本的に強調表示に近い場所に読
みやすく示す必要がある。特にウェブページについては、一般消費者が最
後までスクロールして全体を隅々まで読む可能性は高くないため、基本的
に、強調表示を示す画面からスクロールをしなくてもいい画面の範囲内で
打消し表示を行う必要がある。また、やむを得ず、強調表示のページにハ
イパーリンクを設定して、異なるページに打消し表示を示す場合には、後
記**イ**で整理する対応を行う必要がある。

---

36) 電子商取引表示留意事項にて、「ハイパーリンクの文字列が重要な情報の所在であることを
　　明瞭に表示していなければ、消費者はこれを見落とし、商品選択上の重要な情報を得ること
　　ができないという問題が生じる」と指摘されている点が参考になる（第1の2 (1)）。

## イ　プラスワン・マーケティング株式会社に対する措置命令（2017年4月21日）

当該措置命令では複数不当表示が認定されたが、ここでは、プラスワン・マーケティング株式会社が、「LINEなどのデータ通信料が0円！」などの記載をし（強調表示）、その一部にハイパーリンクを設定して、リンク先に通信料無料の対象外を記載した（打消し表示）という点を取り上げる。

当該事案において、措置命令では、ハイパーリンク部分の記載について、リンク先に通信料無料の対象外という重要な情報があることを明瞭に示していなかったことが指摘されている（そのため、一般消費者の強調表示から受ける認識を打ち消せない、と判断されたものと解される）。

当該命令を踏まえると、自社商品・役務のページにおいて当該商品・役務の内容や取引条件について強調表示を行い、当該強調表示にハイパーリンクを設定してハイパーリンク先に打消し表示を行うという場合には、リンク元で「詳細はリンク先をお読みください」と記載するだけでは足りず[37]、次の2つのいずれも行う必要があると考えられる。

> （a）一般消費者が、強調表示の例外情報などの重要な情報＝「当該打消し表示がハイパーリンク先に記載されていること」を認識し、理解できるように明確に示す
> →強調表示の例外情報などの概要及びリンクが設定されていることはリンク元で示す
> （b）一般消費者が、当該リンク先の打消し表示の内容を正確に認識し、理解できるようにする
> →リンク先ページに打消し表示以外の情報を大量に掲載して打消し表

---

37) 電子商取引表示留意事項においても、強調表示で「気に入らなければ返品できます」と示す一方で、「商品の到着日を含めて5日以内でなければ返品することができない」という返品条件をリンク先に表示する場合に、ハイパーリンクの文字列を、抽象的な「追加情報」という表現にするときについて言及されている。その場合、一般消費者は、特段当該ハイパーリンクの文字列をクリックする必要があるとは思わずに、当該ハイパーリンクの文字列をクリックせず、当該リンク先に移動して当該返品条件についての情報を得ることができず、返品条件がなく、いつでも返品することができるかのように誤認される、と指摘されている（第1の2（1）、別添事例1）。

示を目立たなくさせることや、リンク先ページに更に別のハイパーリンクを設定してそのリンク先に打消し表示を示すなど複雑な導線を設けることは避ける

## 3　価格表示やセール実施に関する整理

### （1）二重価格表示に関する概観

　BtoC-E コマースにおいては、複数の事業者が同一・類似商品を取り扱うことがある。その際には、他社との差別化を図り自社サイトでの購入を誘引する観点から、商品内容の訴求とともに、セール実施を含めた価格訴求も重要となろう。その点を踏まえ、価格表示に関する規制も少し整理する。なお、価格表示に関しては価格表示ガイドラインにて詳しく整理されており、表示に際してはそちらもご参照いただきたい。

　「通常価格 8,000 円→特価 6,500 円」や「定価から 2,000 円引」のように、実際の販売価格と、当該販売価格よりも高い他の価格（比較対照価格）を比較する表示を「二重価格表示」という（割引率表示も含まれる）。その内容が適正な場合は、一般消費者に有益な情報であり、景品表示法の問題は生じないが、比較対照価格の表示が適正でない場合には、有利誤認表示に該当する可能性がある。

　セール時の二重価格表示では、「通常価格△△円」や「セール前価格○○円」のように、比較対照価格として過去の販売価格が示されることが多い[38]。この表示を見た一般消費者は、商品が△△円や○○円でセール前の相当期間販売されていたので、セール期間中は差額分が値引きされてお得と認識すると考えられる。そのため、比較対照価格として、「最近相当期間にわたって販売されていた価格」でない価格を示すときは、基本的に有

---

38）比較対照価格として、他に、将来の販売価格などが示されることがある。将来の販売価格を比較対照価格とする二重価格表示に関しては、価格表示ガイドラインの考え方をより明確にするものとして、2020 年 12 月に、「将来の販売価格を比較対照価格とする二重価格表示に対する執行方針」が公表されている <https://www.caa.go.jp/notice/assets/representation_201225_06.pdf>。

利誤認表示に該当する可能性がある。

この「最近相当期間にわたって販売されていた価格」について、価格表示ガイドラインでは、一般的には次の3要件を満たす価格であるとされている（価格表示ガイドライン第4の2（1）ア（ウ））。当該3要件を満たす二重価格表示は、価格表示の点では有利誤認表示と判断されない。

> (a) 比較対照価格での販売合計期間が、セールで二重価格表示をする各時点からさかのぼる8週間（対象商品の販売期間が8週間未満の場合は当該販売期間）のうち過半を占めていること
> (b) 比較対照価格での販売期間が通算2週間以上であること
> (c) 二重価格表示の開始時点で、比較対照価格で販売された最後の日から2週間以上経過していないこと

要件（c）は、二重価格表示開始時に満たしていれば足りる。

これに対し、（a）は、原則として、セールで二重価格表示を行う期間を通じて常に満たす必要があり、長期間二重価格表示をするといずれ満たさなくなるため注意が必要である。ただし、消費者庁表示対策課長（当時）編著の解説書では、二重価格表示を行う時点で、セール期間をあらかじめ明示していれば、一般消費者にとって価格の変化の過程が明らかであるので「直ちに問題とはならない」とされている[39]。

## （2）セール（キャンペーン）実施時のもう1つの留意点

「最近相当期間にわたって販売されていた価格」に関する要件（a）との関係で、二重価格表示開始時点で当該販売価格での販売期間（セール期間）を明示する場合に、セール期間と示した期間経過後にすぐに同様の割引を実施すると、別途、有利誤認表示に該当する可能性があるので注意が必要である（緑本157～158頁）。

---

39) 緑本116頁。もっとも、著しく長期間のセールを実施することを許容する趣旨ではないと解される。

具体的には、「この期間だけお得なのだな」と思わせる表示をしていたが、実際はその期間以外もお得だったという場合には、有利誤認表示と判断される可能性がある。この表示類型は、価格表示のようなガイドラインが存在せず、消費者庁が初めて措置命令を行ったのは 2015 年 3 月 20 日（2014 年度）であり、理論の整理とともに執行事例の分析が重要である。紙幅の関係で詳述は控えるが、特に 2019 年には重要な点を示す措置命令が 3 件[40]出されており、直近では株式会社セドナエンタープライズに対する措置命令（2022 年 3 月 15 日）もある。キャンペーンを企画・検討する段階から、当該命令の考え方を意識して対応する必要がある。

## 4　アフィリエイト広告

BtoC-E コマースを行う際、自社サイトで表示するだけでなく、アフィリエイト広告が行われることがある。アフィリエイト広告は、「アフィリエイト・プログラムを利用した成果報酬型の広告」（アフィリエイト広告報告書 1 頁）を指し、概要は下表のとおりである（アフィリエイト広告報告書 3 頁図 1）。

アフィリエイト・プログラムとは、「ブログその他のウェブサイトの運営者（以下「アフィリエイター」という。）が当該ウェブサイトに当該アフィリエイター以外の者が供給する商品又は役務のバナー広告等を掲載し、一般消費者がバナー広告等を通じて広告主の商品又は役務を購入したり、購入の申込みを行ったりした場合など、あらかじめ定められた条件に従って、アフィリエイターに対して、広告主から成功報酬が支払われる」広告手法を指す（後記 **(2)** の T.S コーポレーションに対する措置命令における消費者

---

40)　①フィリップ・モリス・ジャパン合同会社に対する措置命令（6 月 21 日）、②株式会社エムアイカードに対する措置命令（7 月 8 日）、③株式会社ファクトリージャパングループに対する措置命令（10 月 9 日）であり、各措置命令につき、特に以下の点には注意が必要である。
・措置命令①：先行キャンペーンより後行キャンペーンの内容を不利にしても継続すれば有利誤認表示となる
・措置命令②：「今だけ」や「期間限定」を示さなくても、期間を示すキャンペーンを行い、当該期間経過後もキャンペーンを継続して実施すれば有利誤認表示となる
・措置命令③：1 回だけ延長しても有利誤認表示となる

庁プレスリリース2頁（注）部分）。単に商品購入サイトへのバナーを設置するだけでなく、一見中立な口コミやランキング形式のウェブサイトの形をとり、商品の紹介とともに、購入サイトへ誘導するリンクを置いているものなど様々なものがある。特にリンクのクリック数や、購買数に応じて成果報酬が支払われる仕組みのものは、アフィリエイターがより多くの報酬を得るために、虚偽・誇大な表現を用いるインセンティブが働きやすい。

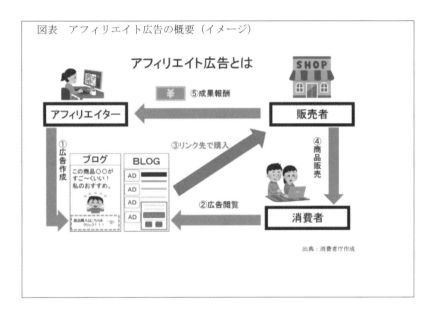

図表　アフィリエイト広告の概要（イメージ）

　景品表示法は、①「自己の供給する」商品・役務の取引について、②同法5条1号～3号の定める表示を「してはならない」と定めている（同法5条）。ただし、① BtoC-E コマース事業を行う事業者は「供給」していることは明らかであるので、E コマース事業者がアフィリエイト広告を行った場合は、専ら、②表示行為を「し」たのか（表示行為該当性）という点が議論になり得る。

## （1）表示行為該当性に関する基本的な考え方

　表示行為をしたのか（表示規制が適用されるのか）という問題に関し、輸入卸売業者の説明を受けた小売業者が当該説明に基づき商品の表示をさせた事案において誰が表示行為をしたのかが問題になった際、次のとおり判断された（東京高判平成20年5月23日〔平成19年（行ケ）第5号〕〔ベイクルーズ事件判決〕）。事案は異なるが、東京地判令和元年11月15日〔平成30年（行ウ）第30号〕〔アマゾンジャパン事件判決〕でも同様の考え方が採用されている[41]。

> 　表示行為をしたか否かは、表示内容の決定に関与したか否かにより決まる。
> 　次の（あ）～（う）のいずれかに該当する場合は、表示内容の決定に関与したこととなる（→表示行為をしたこととなる）
> （あ）　自ら又は他の者と共同して積極的に表示の内容を決定した
> （い）　他の者の表示内容に関する説明に基づきその内容を定めた
> 　　　　→他の事業者が決定した（決定する）表示内容についてその事業者から説明を受けて了承し、その表示を自己の表示とすることを了承した場合は（い）に該当する
> （う）　他の事業者にその決定を委ねた
> 　　　　→自ら表示内容を決定することができるにもかかわらず、他の

41) 控訴審判決（東京高判令和2年12月3日〔令元（行コ）330号〕）では、① Amazon 社名表示がされており仕入業者の社名が表示されていないことから、一般消費者は Amazon が表示をしたと理解する点と、②措置命令を受けた際に対応する権限を Amazon 社が有している点を考慮して、同社に表示行為主体性が認められた。
　ベイクルーズ事件とは事案が異なることを踏まえた判断であり、（「本件においては、表示内容の決定に『関与した』事業者か否かという、やや広範かつあいまいな概念に該当するか否かについて議論するまでもなく」という判示はされているが）ベイクルーズ事件の判断枠組み自体を否定しているわけではないと解される（この点含め、小野田志穂「措置命令を履行する権限の有無から表示主体性を判断した事例－アマゾンジャパン景表法事件」ジュリスト1559号6頁以下が参考になる）。今後、実務においても、事案次第では、上記控訴審判決のうち特に②の考え方などが用いられる場面はあると考えられるが、アフィリエイト広告報告書では、本文のベイクルーズ事件判決のみが紹介されていることも踏まえ、さしあたり、本書では同判決の示した考え方をもとに論述する。

> 事業者に表示内容の決定を任せた場合は（う）に該当する

　例えば、A 社が別の B 社に対し自己の供給する商品の表示内容の決定を委ね、B 社が自己の判断で不当表示をした場合、委ねた A 社は、上記（う）に該当する。その際、委ねられた B 社は上記（あ）に該当し、その商品を自己の商品として「供給」していれば、併せて景品表示法の不当表示規制の適用を受けることとなる。

### （2）アフィリエイト広告に対する執行等

　アフィリエイトサイト上の表示について、アフィリエイターやアフィリエイトサービスプロバイダー（ASP）は、アフィリエイトプログラムの対象となる商品を自ら「供給」する者ではないため、景品表示法の適用を受けないと考えられる（アフィリエイト広告報告書 49 頁）。

　これに対し、広告主については、アフィリエイターの表示内容の決定に関与している場合（上記（あ）〜（う）のいずれかに該当する場合）には、当該広告主が表示行為をしたと判断されるということが、消費者庁「健康食品に関する景品表示法及び健康増進法上の留意事項について」（2016 年）6 〜 7 頁（2020 年改定版も同じ）にて示されていた。

#### ア　消費者庁による執行①

　消費者庁の株式会社ブレインハーツに対する措置命令（2018 年 6 月 15日）[42]では、アフィリエイトサイトの表示は不当表示と認定されていないものの、同社が、広告代理店を通じて、アフィリエイトサイトの運営者に対し、自社ウェブサイトの記載内容を踏まえた本件商品に係る口コミ、ブログ記事等を作成させ、当該自社ウェブサイトへのハイパーリンクと共に当該アフィリエイトサイトに掲載させていたことが明示的に認定された。同命令は、一般消費者に対する周知徹底の方法として、「アフィリエイトサイトからハイパーリンクにより自社ウェブサイトに遷移する動線を含め

---

[42] <https://www.caa.go.jp/policies/policy/representation/fair_labeling/pdf/fair_labeling_180615_0005.pdf>

る」ことを求めており、自社サイトとアフィリエイトサイトが実質的に一体として扱われていた。

こうした中、消費者庁は、2021年3月3日、株式会社 T.S コーポレーション（以下「T.S コーポレーション」という）に対する措置命令において、アフィリエイトサイトの表示について、同社による優良誤認表示であると判断した[43]。消費者庁がアフィリエイトサイトを不当表示として認定した最初の事例である。

具体的には、T.S コーポレーションは、アフィリエイトプログラムを実現するシステムをサービスとして提供する ASP を通じて、本件商品に係る本件アフィリエイトサイトの「表示内容を自ら決定している」と判断された（前記（う）でなく（あ））。

当該措置命令では、T.S コーポレーションの自社サイトは不当表示の対象とされていない。自社サイトでは不当表示を行わず、アフィリエイトサイトのみで不当表示を行っていた可能性があるが、そのような場合でも措置命令の対象となり得る。

### イ　消費者庁による執行②

2022年4月27日、消費者庁は、株式会社 DYM に対し、同社による新卒者向け及び既卒者向けの就職支援サービスに関する自社ウェブサイト、アフィリエイトサイト、YouTube 動画広告での表示を優良誤認表示と認定し、措置命令を行った。具体的なアフィリエイトサイトが摘示されており、参考になる。

### ウ　不正競争防止法における事案

不正競争防止法の関係で、アフィリエイターの表示行為が広告主の表示行為であると判断されたものがある。具体的には、「オリゴ糖100％」という表示が不正競争防止法の品質誤認表示（不正競争防止法2条1項20号）に該当するとして、原告が差止めや損害賠償等の請求を行った事案において、裁判所は、被告が「被告商品の特徴を具体的に記載した文書等をアフィリエーターに渡し、アフィリエーターが被告商品についてそれと同趣旨の

---

[43]　<https://www.caa.go.jp/notice/assets/representation_210303_1.pdf>

146

記載をウェブサイト等でして被告商品を紹介した場合」における「アフィ
リエーターのその記載行為」につき、「被告がアフィリエーターを通じて
した広告等の行為」と判断した（東京地判令和3年2月9日（平成30年（ワ）
第3789号）〔オリゴ糖事件判決〕。知財高判令和4年1月27日（令和3年（ネ）
第10018号）でも品質誤認表示該当性につき肯定された）。

### (3) アフィリエイト広告報告書
　このような中でアフィリエイト広告検討会が開催され、同会を通じ、ア
フィリエイト広告に関する実態調査が行われ、アフィリエイト広告報告書
では大きく4つの論点整理・提言が示された。

（ⅰ）アフィリエイト広告に対する景品表示法の適用関係
（ⅱ）悪質事業者への対応
（ⅲ）不当表示の未然防止（景品表示法26条に基づく事業者が講ずべ
　　　き管理上の措置）
（ⅳ）関係事業者等が主導する協議会の設置

　上記（ⅰ）につき、前記**（2）**で整理したようにアフィリエイト広告に
ついて、広告主が責任を負う可能性があることが改めて明示された。
　また、（ⅲ）に関し、アフィリエイト広告について講じるべき措置の指
針を定めることが提言された。
　景品表示法は、違反行為を防ぐため、一般消費者向け表示や景品類提供
を行う企業に、必要な体制の整備その他の「必要な措置」を講じることを
義務付けている（同法26条1項）。その措置の適切かつ有効な実施を図る
ため、「管理措置指針」[44]が定められている。この管理措置指針につき、「基
本的に、事業者内部で完結する表示システムを念頭に置いたものとなって
おり、アフィリエイト広告のように表示の作成等を事業者の外部（ASPや

44）消費者庁「事業者が講ずべき景品類の提供及び表示の管理上の措置についての指針」（平成
　26年内閣府告示第276号、改正平成28年内閣府告示第125号）を指す。以下同じ。

アフィリエイター等）に委託等する場合を念頭に置いて定められたものと
なっていない」点が指摘され（アフィリエイト広告報告書 53 頁）、当該報告
書の提言に沿って、アフィリエイト広告の広告主が講ずべき措置として具
体化された指針が策定される見込みである（2022 年 5 月 13 日に管理措置指
針の一部改正案及びインターネット表示留意事項の一部改定案が公表され、任
意のパブリックコメント手続に付された。本書脱稿後の 6 月 29 日、改正及び改
定が行われたことに接した）。

　管理措置指針の改正等を契機として、アフィリエイト広告を利用してい
るか否かにかかわらず、一般消費者向け表示や景品類提供を行う企業は、
改めて、管理措置指針記載の次の 7 つの事項に沿った措置を講じているか、
ワークしているかを適宜検証することが重要である。

---

①景品表示法の考え方の周知・啓発
②法令遵守の方針等の明確化
③表示等に関する情報の確認
④表示等に関する情報の共有
⑤「表示等管理担当者」（表示を管理する担当者又は担当部門）を定
　めること
⑥表示等の根拠となる情報を事後的に確認するために必要な措置をと
　ること
⑦不当な表示等が明らかになった場合における迅速かつ適切な対応

---

## 5　顧客によるレビュー投稿やステルスマーケティング

### （1）表示行為主体性
　例えば、「第 2 回デジタル・プラットフォーム企業が介在する消費者取
引における環境整備等に関する検討会」（2020 年 1 月 27 日）の資料 2 では、
「オンライン・ショッピングモールの出品事業者が、商品の購入者に対して、
オンライン・ショッピングモールサイトにおける当該商品のレビューで最

高点の評価を付けてくれれば、当該商品をもう1つ提供する旨の告知を行った事案等について、指導を行ったことがある」とされている（28頁）。この場面における出品事業者は、表示行為主体性に関する（あ）（自ら又は他の者と共同して積極的に表示の内容を決定した場合）に該当すると整理されたのだろう。

　商品の販売者等が、芸能人やいわゆるインフルエンサー等に依頼して、当該芸能人等が当該商品を愛用している旨やその感想などを、依頼の事実を伏せたまま当該芸能人等のブログやソーシャル・ネットワーキング・サービス（SNS）に書き込んでもらう行為（いわゆるステルスマーケティング、ステマ）を行う場合も、依頼内容次第で表示行為主体性に関する（あ）に該当することがある。

　また、事業者が自社サイト上に顧客がレビューを投稿することができる仕様を採用する場合、一般消費者が書き込む口コミページを含め、自社の管理権限が及ぶものだろう。そのような場合は、掲載するか否か（削除するか否か）を最終的に決定するのは自社であることを踏まえると、具体的な投稿内容を指示・依頼するか否かにかかわらず、表示行為主体性に関する（あ）に該当すると判断される可能性がある（（う）に該当すると判断される可能性もある）。

## （2）不当表示該当性

　まず、やらせレビューやステマによる個々の書き込みの内容自体が、商品に関する具体的な説明であり、実際のものよりも著しく優良又は有利であると一般消費者に誤認される表示である場合に不当表示が成立することには議論がない（インターネット表示留意事項第2の2でも指摘されていた）。

　他方、景品表示法は、現時点では「ステルスマーケティング」行為自体を直接禁止することはせず、優良誤認表示、有利誤認表示及び指定告示に係る表示を行う行為のみを禁止している。そのため、直接的にステルスマーケティングに対応した規制は景品表示法上存在しないといえる。ただ、個々の書き込みの内容自体が、「これはいい商品です」（抽象的な内容）や、「私、

この商品が好きです」（主観的内容）にとどまるものである場合について、緑本では、「多数の消費者が、依頼によらず全くの自らの意思で好意的な内容のレビューを書き込んでいるという事実が実際には『ない』のに、『ある』かのように示すもの」であり、「個々のレビューの書き込みの内容とは別に、商品の内容の優良性・有利性について一般消費者を誤認させるものとして不当表示になり得る」と解説され、ステルスマーケティングについても同様とされている（緑本85頁）。

このような中、消費者庁は、デジタル化の進展等といった社会環境の変化等を踏まえ、「景品表示法検討会」を開催し、第4回検討会（2022年6月24日）において、ステルスマーケティングについて別途専門的・技術的な観点から検討を行った上で2022年をめどに取りまとめることが確認された。今後の動きに注目したい。

### （3）行政処分例

ステルスマーケティングによるインスタグラムの表示に対する措置命令として、消費者庁の株式会社アクガレージ及びアシスト株式会社に対する措置命令（2021年11月9日）[45]を紹介する。

消費者庁は、上記2社が、共同して供給するサプリ2種類（「ジュエルアップ」及び「モテアンジュ」）について、摂取すると豊胸効果が得られるかのように表示したとして、合理的根拠資料提出要求を行ったものの提出されなかったことを理由に、優良誤認表示と判断した。

当該事案では、「ジュエルアップ」について、「＃ジュエルアップ」、「＃バストアップ」、「＃育乳」、「＃バストアップ効果」といったハッシュタグを付したインスタグラムの表示と、アフィリエイトサイトの表示が問題になり、「モテアンジュ」については、アフィリエイトサイトの表示が問題となった。

報道によると、「ジュエルアップ」について、上記2社は、写真投稿時に商品のパッケージを写すこと、顔や胸部近くに持つこと、CMだとわか

---

45) <https://www.caa.go.jp/notice/assets/representation_20211109_01.pdf>

らないようにすること、必須の「#（ハッシュタグ）」を指示していた模様
である。その結果、上記2社は、インスタグラムの表示について、「共同
して自ら決定している」と判断された（前記（あ）に該当すると判断された
ものと考えられる）。

　マーケティングを行う際、フォロワー数の多いインスタグラマーに働き
かけることがあるかもしれないが、その際、働きかけの程度など、事情次
第では自社が表示責任を負う可能性があり、依頼時には慎重な検討が必要
だろう。

## 6　特商法に基づく虚偽・誇大広告の禁止（規制及び違反時の効果に関する概観）

　通販事業者は、次の事項に関し、(1) 著しく事実に相違する表示（虚偽
広告）や、(2) 実際のものよりも著しく優良・有利であると人を誤認させ
るような表示（誇大広告）をしてはならない（特商法12条、特商法施行規則
11条）。

①・商品…種類、性能、品質・効能
　・役務…種類、内容・効果
　・権利…種類、内容・その権利に係る役務の種類、内容・効果
　（例）種類→最新ではないのに「最新機種」と示す
　　役務の内容→エステにおける具体的施術について虚偽を示す
　　商品の効果→ダイエット食品による痩身効果について根拠なく示す
②商品・権利・役務や事業者・事業者の事業についての国、地方公共
　団体、通信販売協会その他著名な法人その他の団体や著名な個人の
　関与
　（例）事実に反し「農林水産省認定」と示す
③商品の原産地・製造地、商標、製造者名
　（例）商標→模倣品であるのに有名ブランドバッグであると示す

---
④広告における必要的記載事項
---

　上記のように仔細に対象事項が規定されてはいるものの、虚偽広告や誇大広告に該当する場合には、景品表示法の優良誤認表示や有利誤認表示に該当すると考えられる。また、景品表示法の不実証広告規制と同様の規制も定められている（特商法12条の2）。アフィリエイトサイトも規制対象となると考えられる点でも共通する。

　そのため、BtoC-E コマースの運営者としては、基本的には、景品表示法の不当表示に該当しないように意識することが肝要であるが、万一、通信販売広告について虚偽・誇大広告に該当し特商法に基づき執行すると判断される場合には、景品表示法よりも厳しい処分などを受ける可能性がある。

　まず、虚偽・誇大広告をした場合、違反行為の是正のための措置、購入者等の利益の保護を図るための措置、その他の必要な措置をとるべきことを「指示」されることがある（特商法14条1項）。これは、景品表示法の措置命令に類似しているが、「購入者等の利益の保護を図るための措置」に係る指示ができる旨が明示されている他、実務上、措置命令のような一般消費者に対する周知徹底だけでなく、取引相手に対する個別通知が命じられることがある（株式会社イーシャに対する指示（2018年12月21日）[46]）。

　また、特商法12条に違反し、所定の要件を満たす場合[47]、2年以下の業務停止命令（同法15条1項）が行われる可能性がある。万一業務停止命令が発令された場合、通信販売に係る業務の一部の停止が命じられる[48]。特商法に基づく業務停止命令は、違反行為者である事業者の役員等の個人に対しても行われることがある（同法15条の2第1項）。

　更に、景品表示法の禁止する不当表示をしただけで直ちに刑罰を科すこ

---

46）<https://www.caa.go.jp/policies/policy/consumer_transaction/release/2018/pdf/release_181221_0001.pdf>
47）違反行為があったことに加え、「通信販売に係る取引の公正及び購入者又は役務の提供を受ける者の利益が害されるおそれ」が認められることが要件とされている。
48）消費者庁の株式会社イーシャに対する業務停止命令（2018年12月21日）では、3か月間業務停止、具体的には、①対象広告、②申込受付及び③契約締結の停止が命じられた。

とは定められていないのに対し、特商法は、虚偽・誇大広告をした者に対し、行政処分の他、100万円以下の罰金を科す旨を定めている（同法72条1項1号）。

## コラム（2）　ダークパターンと広告表示

2021年3月26日付日本経済新聞（電子版）と翌日付朝刊に、「消費者操る『ダークパターン』　国内サイト6割該当」という記事が掲載された。

「ダークパターン」は造語で、基本的に、ユーザーを知らず知らずのうちに不利益な意思決定を行うよう強制・誘導したり欺いたりしようとするウェブデザインを指す。2010年に英国で指摘された後、欧米で研究が進み、例えば、BtoC-Eコマースサイトで、事実と異なり（1）購入前の段階で商品の在庫が少ないことや需要が高いことを表示する、（2）セール表示とともにカウントダウン表示をするといったものが挙げられる（他に、退会手続を難しくする、消費者が商品を購入しようとする際に定期購入を初期設定するなどもある）。

上記（1）や（2）はEコマースの広告・表示に関わるので、日本の景品表示法や特商法との関係について検討する。個人情報との関係では、別途**コラム（7）**で検討する。

（1）事実と異なり在庫少や需要高を示す表示

例えば、事実と異なり、「残り〇〇個」「現在〇〇名がカートに入れています」といった表示をすることが挙げられる。

商品や役務の供給量が限定されていることにより当該商品や役務が優良である、取引条件が有利であると表示しているにもかかわらず、実際には限定量を超えて取引に応じる場合には、優良誤認表示や有利誤認表示に該当するおそれがある（おとり広告告示[49]2－（1）2-<1>注）。

49）「おとり広告に関する表示」（平成5年4月28日公正取引委員会告示第17号）を指す。

そのため、特に、「限定××個」と示しつつ「残り〇〇個」と示すような場合に、実際の在庫がもともと「××個」以上あるときや現在在庫が「〇〇個」以上あるときには、不当表示となり得る。消費者庁の株式会社シエルに対する措置命令（2018年10月31日）では、「毎月先着300名様限定」など、毎月300名のみ対象商品の定期購入を開始できるように示す表示をしていたものの、実際には、当該商品の毎月の新規定期購入者数は300名を著しく超過していた点につき、有利誤認表示と判断された。

　また、需要が高いことは、商品の内容の優良性を直接示すものではないが、一般消費者は、売上実績に関するNo.1表示により、対象商品の効果・性能や安全性などその内容が優良であると認識しやすいと考えられている（No.1表示実態調査報告書[50]6頁）。需要（人気）が高いとの表示も、商品の内容の優良性を示すと認められる可能性がある。「現在〇〇名がカートに入れています」と示すものの、実際にカートに入れているユーザーが〇〇名未満である場合には、事案次第で優良誤認表示と判断されるおそれがある。

(2) 事実と異なるカウントダウン表示

　第3章Ⅰの脚注23に示したように、消費者庁は、2019年9月13日、チケット転売サイト表示につき、消費者安全法38条に基づき注意喚起を行った。「チケット購入希望者が多いため、購入完了まで6分とさせていただきます。完了できない場合は、お客様のチケットは一般に販売されることになります。もうすぐ完売」とともに「購入完了までの残り時間」のカウントダウンを示す表示がされていたものの、実際には、他の購入希望者がいない限り、何度でも新たな残り時間が付与される仕組みが採用されており、虚偽・誇大な広告・表示及び不実告知であると判断されている。

　上記注意喚起は消費者安全法に基づき行われたが、Eコマース事業者

---

50) 公正取引委員会事務総局「No.1表示に関する実態調査報告書」

が、自己の扱う商品について上記のような虚偽のカウントダウン表示を行う場合には、有利誤認表示や特商法の虚偽・誇大広告（特商法12条）となり行政処分の対象になるおそれがある。

## (3) その他（優良誤認表示・有利誤認表示に該当しないもの）

　前記（1）や（2）のように、優良誤認表示や有利誤認表示該当性が問題になるものは粛々と対応することが求められるが、直接的にはそれらに該当しない場面もあり得るだろう。例えば、消費者契約法4条5項は、商品等の「内容」や「取引条件」のほかに、「物品、権利、役務その他の当該消費者契約の目的となるものが当該消費者の生命、身体、財産その他の重要な利益についての損害又は危険を回避するために通常必要であると判断される事情」も不実告知に関する「重要事項」と定めており（同項3号）、このような事項に関する表示などを景品表示法の規制対象としなくてよいか、今後の検討課題として考えられる。

# 第5章
## 消費者契約法の不当勧誘規制との関係
### （不当表示による取消可能性）

　消費者契約法は、下表のとおり、事業者が「勧誘をするに際し」、不当勧誘行為を行ったことにより消費者が誤認し、それによって消費者契約の申込み・承諾をしたとき、当該消費者はそれを取り消すことができることとしている（同法4条1項及び2項[51]）。

<表：消費者契約法の規定する不当勧誘行為による取消し>

|  | ①場面 | ②事業者の行為 | ③消費者の行為 |
|---|---|---|---|
| 不実告知による取消し | 「勧誘をするに際し」 | 重要事項について事実と異なることを告げた | 左記行為により当該告げられた内容が事実であるとの誤認をした結果、契約の申込み・承諾をした |
| 断定的判断の提供による取消し | | 当該消費者契約の目的となるものに関し、将来における変動が不確実な事項につき断定的判断を提供した | 左記行為により当該提供された断定的判断の内容が確実であるとの誤認をした結果、契約の申込み・承諾をした |
| 不利益事実の不告知による取消し | | 重要事項又は当該重要事項に関連する事項について消費者にとって利益になることを告げるとともに不利益なことを故意に告げなかった | 左記行為により当該事実が存在しないとの誤認をした結果、契約の申込み・承諾をした |

---

51) 消費者契約法4条3項及び4項は、不退去・退去妨害や過量販売による取消しを定めているが、広告表示との関連性は低いので、検討対象から外す。

　この「勧誘」について、特定の消費者に対する個別の勧誘だけでなく、新聞広告等の不特定多数に向けた表示行為も含まれるのかについては議論があったが、近時の最高裁判決は、一律に含まれないわけではない旨を示した（最判平成 29 年 1 月 24 日民集 71 巻 1 号 1 頁〔クロレラチラシ配布差止等請求事件〕）。

　当該最高裁判決によると、不特定多数に向けた表示である E コマースの広告を行う行為も消費者契約法の対象となる可能性がある。また、消費者契約法の定める上表類型の取消しのうち、不実告知は、「重要事項」について事実と異なることを告げたことを要件とする。当該「重要事項」は、基本的に、商品・役務の内容又は取引条件であって消費者の当該消費者契約を締結するか否かについての判断に通常影響を及ぼすものを指す。

　景品表示法の禁止する優良誤認表示等は、商品・役務に関する内容・取引条件の誇張の程度が一般消費者による商品・役務の選択に影響を与えることを前提とする。そのため、優良誤認表示等に該当する表示は、「重要事項」について事実と異なる表示である場合が多いといえる[52]（特商法の禁止する虚偽・誇大広告に該当する場合も同様）。

　消費者契約法は、上表の③のとおり、いずれも、消費者が事業者の行為により「誤認をした結果、契約の申込み・承諾をした」ことを取消しの要件としている。そのため、例えば、消費者と直接交渉して商品・役務を販売する事業者が、新聞折込チラシで事実と異なる記載をしたような場合には、その後店頭で直接交渉する際に消費者に対し真実を伝えることが可能である。それにより、事実と異なる記載と消費者の申込み・承諾との間の因果関係を断ち切り、取消しを防ぎ得る（ただし、景品表示法との関係では、

---

52) BtoC-E コマースに関する事案ではないが、自動車の燃費に関する不当表示事案につき、2017 年 1 月 27 日に消費者庁が三菱自動車工業株式会社に対し措置命令を行ったところ、当該事案に関し、不当表示の対象商品を購入していた一部消費者が、①三菱自動車に対し不法行為に基づく損害賠償請求を行うとともに、②ディーラーに対し製品カタログによる不実告知に基づく取消権行使を前提に不当利得返還請求を行い、②の請求につき一部請求が認容された（2021 年 1 月 29 日〔平成 28 年（ワ）第 12269 号〕）。当該事案の下では、カタログの交付のみでも「勧誘」要件を満たす旨判断されており、今後、景品表示法に基づく措置命令が行われた事案において、同様に、消費者契約法による取消しを通じた代金返還請求（不当利得返還請求）が行われる可能性がある。

優良誤認表示や有利誤認表示に該当する表示をした以上はその表示をした時点で違反行為が成立し、後に店頭で真実を伝えても適法な表示となるわけではない）。

　他方、BtoC-E コマースの広告のように、消費者と直接交渉せずに商品・役務を販売するような事業者が事実と異なる記載をした場合はどうか。特にインターネットが普及した現代において、商品・役務を販売する事業者の広告・表示だけ確認するのではなく、競業他社の販売する類似品の広告・表示のほか、いわゆる口コミサイトやまとめサイトでの評判等を確認・比較検討して購入に至る消費者が増えている。事業者としては、そういった消費者を念頭に置いて、そもそも事実と異なる記載と消費者の申込み・承諾との間に因果関係がない、という主張を考えることもあるだろう。しかし、当該主張が認められることは確実ではなく、認められない場合には、(当該広告が誤りであった旨を周知するなどしない限り) 消費者に対し真実を伝えることによって上記因果関係を断ち切ることは困難であり、取消しが認められるおそれがある。消費者契約法との関係も念頭に置き、適切な表示を行えるよう、情報の確認や共有を図ることが重要である。

## コラム（3）　取引デジタルプラットフォーム運営事業者を対象とする規制

　取引デジタルプラットフォームを利用する消費者の利益の保護に関する法律

　近年では、消費者保護推進の流れを受け、BtoC-E コマースに関する法改正等の動きは活発であり、定期的なアップデートが必要である。

　例えば、2021 年 4 月 28 日に取引デジタルプラットフォームを利用する消費者の利益の保護に関する法律が成立した（以下「取引 DPF 法」という）。取引 DPF 法の目的は、取引デジタルプラットフォーム（以下「取引 DPF」という）を利用して行われる通信販売に係る取引の適正化及び紛争解決の促進に関し取引 DPF 提供者の協力を確保し、それ

により取引 DPF を利用する消費者の利益を保護することである（取引 DPF 法 1 条）。取引 DPF 提供者に直接関連するものとして、①取引適正化及び紛争解決の促進のための措置の実施に関する努力義務及び当該措置の開示義務（同法 3 条）、②所定の場合の消費者庁長官[53]による取引 DPF の利用停止等要請（同法 4 条）、③消費者の販売業者等に関する情報の開示請求（同法 5 条）が定められている。これらのうち①及び②は行政規制、③は民事規制であるといえる。取引 DPF 法は、2022 年 5 月 1 日から施行されている。

　取引 DPF 法の内容自体は、通販事業を自ら適切に行っている BtoC-E コマース事業者に与える影響は基本的には大きくないと考えられるが、近時の BtoC-E コマースに関連する立法動向を把握しておくことは有用である。

---

53) 一部を除き、本法による内閣総理大臣の権限は消費者庁長官に委任されている（取引 DPF 法 11 条）。

第４部

# 個人情報保護（プライバシーポリシーの作成及び運用）に関する留意点

# 第1章
## 序論——BtoC-E コマースと個人情報保護

　E コマースを含む BtoC 取引の運営者は、商品の配送や代金の決済、場合によっては広告配信や需要分析といった様々な目的で、ユーザーの個人情報を取得する。特に電子商取引である BtoC-E コマースでは、運営者がネットワーク技術や情報処理技術を応用し、大量の個人情報を収集・蓄積した上で、瞬時に検索できるよう整理して利活用しているケースがしばしばみられる。

　このように、BtoC-E コマースの運営は個人情報の取扱いを必然的に伴うものであり、その取扱いには、個人情報保護の観点からの考慮が必要となる。当該考慮の視点は大きく 2 つあり、第一に、個人情報の取得時や、取得後の利用、管理、第三者提供等の場面においては、個情法が定めるルールを遵守する必要がある。当該ルールに違反する場合、個人情報保護委員会をはじめとする監督官庁による報告徴収及び立入検査（同法 143 条）、指導及び助言（同法 144 条）、更には勧告及び命令（同法 145 条）の対象となり得る。こうした行政指導（指導及び助言、勧告）や行政処分（命令）の対象となった事実は公表されることがあり、また、これらに従わなかった場合の罰則も定められている（同法 173 条、177 条 1 号）。第二に、これらとは別に、個人情報の不適切な取扱いがユーザーのプライバシー権その他の権利又は法律上保護される利益を侵害していると認められれば、BtoC-E コマースの運営者が当該ユーザーに対して不法行為に基づく損害賠償責任（民法 709 条）を負う場合があるし、それがユーザーとの間の何らかの取決めに違反した結果であれば、運営者の債務不履行責任（同法 415 条等）も問われ得る。

　企業等に対して、個人情報を含むパーソナルデータを提供することにつ

いて不安を感じる消費者が多数を占める[1]など、消費者のプライバシー意識の高まりが指摘される近年の社会では、個人情報の適切な取扱いは、法的リスクのみならず、レピュテーションリスクその他の経営上のリスクを低減する上でも重要な意味を持つ。また、近時、「個人情報の保護に関する法律等の一部を改正する法律」（令和2年法律第44号）及び「デジタル社会の形成を図るための関係法律の整備に関する法律」（令和3年法律第37号）によって個情法の全般的な見直しが行われ（いわゆる令和2年改正・令和3年改正）、改正後の個情法が2022年4月1日から施行されており、BtoC-Eコマースの運営者にとっては、こうした法改正への対応も必要である。

　以下では、BtoC-Eコマースの運営に当たって個人情報保護の観点から留意すべき事項の中でも、規約及びサイト表示と密接に関連するプライバシーポリシーの作成及び運用上の留意点を取り上げ、概説する。

---

1) 総務省「令和3年版情報通信白書」（2021年7月30日）67頁によれば、日本の消費者のうち、企業等が提供するサービスやアプリケーションを利用するに当たりパーソナルデータを提供することについて不安を感じている割合は66%に上るとの調査結果がある。

# 第2章
# 個情法による規制の概要

## I　民間分野における規制法としての個情法

　本論に入る前に、BtoC-E コマース運営者を含む民間事業者に対する個情法の規制内容を概観する。

　個情法は、経済協力開発機構（Organisation for Economic Co-operation and Development：OECD）の理事会が 1980 年に採択した「プライバシー保護と個人データの国際流通についてのガイドラインに関する理事会勧告（Recommendation of the Council concerning Guidelines governing the Protection of Privacy and Transborder Flows of Personal Data）」を 1 つの契機として、2003 年 5 月に成立し、2005 年 4 月から全面施行されている。

　成立当初の個情法は、その 1 条の目的条項に規定されていたとおり、（i）「個人情報の保護に関する施策の基本となる事項」を定めるという、民間分野・公的分野の垣根を越えた基本法的性格と、（ii）「個人情報を取り扱う事業者」の遵守すべき義務等を定めるという、民間分野における規制法的性格を併せ持つ法律であった。その後、「デジタル社会の形成を図るための関係法律の整備に関する法律」（令和 3 年法律第 37 号）によるいわゆる令和 3 年改正を経て、現行の個情法は、上記（i）・（ii）に加え、（iii）個人情報を取り扱う「行政機関等」（行政機関及び独立行政法人等[2]）の遵守すべき義務等を定めるという、公的分野における規制法的性格も有するに至り、民間分野・公的分野を問わず、個人情報保護に関する基本理念と具

---

2）2023 年 5 月までに、地方公共団体の機関及び地方独立行政法人も規律対象に含まれることとなる予定である。

体的規制内容を一覧的に定める法律となっている。

　BtoC-E コマース運営者が遵守に向けて特に留意すべきなのは、上記（ⅱ）の民間分野における規制法としての個情法である。その具体的内容は、基本的に、同法の第4章（個人情報取扱事業者[3]等の義務等）に定められており、次のように、OECD の上記理事会勧告が示した8つの基本原則（OECD 8原則）と対応している。

○収集制限の原則（Collection Limitation Principle）：
・偽りその他不正の手段により個人情報を取得してはならない（個情法20条）。
○データ内容の原則（Data Quality Principle）：
・利用目的の達成に必要な範囲内において、個人データを正確かつ最新の内容に保つよう努めなければならない（同法22条）。
○目的明確化の原則（Purpose Specification Principle）・利用制限の原則（Use Limitation Principle）：
・個人情報を取り扱うに当たっては、利用目的をできる限り特定しなければならない（同法17条）。
・あらかじめ本人の同意を得ないで、特定された利用目的の達成に必要な範囲を超えて個人情報を取り扱ってはならない（同法18条）。
・あらかじめ本人の同意を得ないで、個人データを第三者に提供してはならない（同法27条）。
○安全保護措置の原則（Security Safeguards Principle）：
・取り扱う個人データの漏洩、滅失又は毀損の防止その他の個人データの安全管理のために必要かつ適切な措置を講じなければならない（同法23条）。
・従業者に個人データを取り扱わせ、又は個人データの取扱いを委託する場合は、当該個人データの安全管理が図られるよう、当該従業者又

3) 個情法上、「個人情報取扱事業者」の語は、個人情報データベース等（後記）を事業の用に供している者のうち、国の機関、地方公共団体、独立行政法人等及び地方独立行政法人を除いた者をいうものとして定義されている（同法16条2項）。

は委託先に対する必要かつ適切な監督を行わなければならない（同法24条、25条）。

○公開の原則（Openness Principle）・個人参加の原則（Individual Participation Principle）：

・個人情報を取得した場合は、その利用目的を本人に通知し、又は公表しなければならない（同法21条）。

・保有個人データに関する利用目的等の事項を本人の知り得る状態に置かなければならない（同法32条）。

・本人の求めに応じて保有個人データ等を開示しなければならない（同法33条）。

・本人の求めに応じて保有個人データの内容の訂正等を行わなければならない（同法34条）。

・本人の求めに応じて保有個人データの利用停止等又は第三者への提供の停止を行わなければならない（同法35条）。

○責任の原則（Accountability Principle）：

・個人情報の取扱いに関する苦情の適切かつ迅速な処理に努めなければならない（同法40条）。

　これらのほか、個情法第4章は、違法又は不当な行為を助長し、又は誘発するおそれがある方法による個人情報の利用の禁止（同法19条）、取り扱う個人データの漏えい等が生じたときの個人情報保護委員会への報告等の義務（同法26条）、外国にある第三者に個人データを提供する場合に本人の同意を得る義務（同法28条）、第三者が個人関連情報を個人データとして取得することが想定されるときに、本人の同意が得られていること等の確認をしないで当該個人関連情報を当該第三者に提供することの禁止（同法31条）等の規制を定めている。

# Ⅱ 個情法の規制対象たる「個人情報」等の概念

　前記Ⅰでは、個情法第4章の規定内容を説明する中で、「個人情報」、「個人データ」、「保有個人データ」、「個人関連情報」等の用語を使ったが、同法上、これらの概念はそれぞれ異なるものとして定義され、異なる規制の対象として整理されている。

　個情法上の「個人情報」とは、生存する個人に関する情報であって、次のいずれかに該当するものをいう（同法2条1項）。

---

①当該情報に含まれる氏名、生年月日その他の記述等により特定の個人を識別することができるもの（他の情報と容易に照合することができ、それにより特定の個人を識別することができることとなるものを含む）
②パスポート番号、運転免許証番号等の個人識別符号（個情法2条2項）が含まれるもの

---

　一方、「個人データ」とは、個人情報の中でも、個人情報データベース等を構成するものをいう（個情法16条3項）。「個人情報データベース等」とは、個人情報を含む情報の集合物であって、特定の個人情報をコンピュータを用いて検索することができるように体系的に構成したものその他特定の個人情報を容易に検索することができるように体系的に構成したものをいう（同条1項）。大まかにいえば、検索可能な形に整理された個人情報が「個人データ」である。

　また、「保有個人データ」とは、個人データの中でも更に、個人情報取扱事業者自身が開示、内容の訂正等、利用停止等及び第三者への提供の停止を行うことのできる権限を有するものをいう（個情法16条4項）。

　例えば、ある事業者が、特定の個人を判別可能な写真や動画のデータを保有しているものの、データファイル名等によって被写体を識別・検索で

きるように整理していなければ、当該写真や動画のデータは、「個人情報」ではあるものの、「個人データ」あるいは「保有個人データ」ではない情報ということになる（個情法 Q&A1-41、9-5）。したがって、そうした情報を取り扱うに当たっては、利用目的をできるだけ特定しなければならず（個情法 17 条）、取得時にはその利用目的を本人に通知し、又は公表しなければならないが（同法 21 条）、法的には、安全管理措置を講じる義務はなく（同法 23 条）、本人の同意を得ずに第三者へ提供することが可能で（同法 27 条）、利用目的等の事項を本人の知り得る状態に置いたり、本人からの開示等の請求等に応じたりする必要もないことになる（同法 32 条～ 35 条）。

　その他、個情法は、個人情報を加工して得られる個人に関する情報として、「仮名加工情報」（同法 2 条 5 項）及び「匿名加工情報」（同条 6 項）の定義を置いているが、生存する個人に関する情報のうち、個人情報、仮名加工情報及び匿名加工情報のいずれにも該当しないものについては、「個人関連情報」という定義で拾い上げている（同条 7 項）。「個人関連情報」には、生存する個人に関する情報ではあるものの、特定の個人を識別することができないウェブサイトの閲覧履歴、商品購買履歴等が含まれ得る。

# 第3章
# プライバシーポリシーの法的意義

## I　総論——なぜプライバシーポリシーが必要なのか?

　BtoC-E コマースをはじめ、個人情報その他個人のプライバシーに関わる情報を取り扱うオンラインビジネスにおいては、**第2部**でみた取引に関する規約とは別に、そうした情報の取扱方針を定めた文書を作成し、ウェブサイト上に公開することが通例となっている。本書では、そうした文書を一般的に「プライバシーポリシー」と呼ぶことにする。

　プライバシーポリシーに関しては、個情法7条に基づき政府が定める「個人情報の保護に関する基本方針」（2022年4月1日一部変更）の6(1)において、「個人情報取扱事業者等は、……プライバシーを含む個人の権利利益を一層保護する観点から、個人情報保護を推進する上での考え方や方針（いわゆる、プライバシーポリシー、プライバシーステートメント等）を対外的に明確化するなど、個人情報の保護及び適正かつ効果的な活用について自主的に取り組むことが期待されている」と言及されているほか、事業分野によっては、個人情報保護委員会その他の監督官庁が定めるガイドラインの中で、より明示的にその策定及び公表が求められる場合もある[4]。もっとも、「個人情報の保護に関する基本方針」はあくまで政府の「期待」を表したものであって、民間事業者がこれに従わなかったからといって直ちに違法と評価されるものではない。その他にも、事業分野の枠を超えて民間事業者に直接プライバシーポリシーの策定及び公表を義務付ける法令は

---

[4]　例えば、個人情報保護委員会＝金融庁「金融分野における個人情報保護に関するガイドライン」（2022年4月）20条、個人情報保護委員会＝厚生労働省「医療・介護関係事業者における個人情報の適切な取扱いのためのガイダンス」（2022年3月一部改正）I-6等。

見当たらない。

　それではなぜ、多くの BtoC-E コマース運営者が、取引に関する規約とは別にプライバシーポリシーを作成し、ウェブサイト上に公開しているのか。その実務に（政府の基本方針やガイドラインを超えた）法的な裏付けは存在するのか。これらの疑問への回答、いわばプライバシーポリシーの法的意義を整理すると、主なものとして次の5点を挙げることができる。

---

①個情法に基づく情報開示義務の履行手段としての意義
②個人情報取得時の利用目的の明示・公表手段としての意義
③情報の取扱いに関する本人の同意の取得手段としての意義
④提携事業者との間の契約に基づく義務の履行手段としての意義
⑤プライバシーマークその他の認証取得を目的とした体制整備手段としての意義

---

　以下、プライバシーポリシーの作成及び運用に関する実務上の留意点を検討するための前提となる理論的基礎として、上記①〜⑤の法的意義についてそれぞれ説明する。

## Ⅱ　個情法に基づく情報開示義務の履行手段としての意義

　プライバシーポリシーの法的意義として第一に挙げられるのは、個情法に基づく情報開示義務の履行手段としての意義である。

　個情法32条1項及び個情令10条は、個人情報取扱事業者に対し、保有個人データに関する次の事項について、「本人の知り得る状態（本人の求めに応じて遅滞なく回答する場合を含む。）」に置くことを義務付けている。

---

①当該個人情報取扱事業者の氏名又は名称、住所及び（法人の場合は）代表者の氏名

---

②全ての保有個人データの利用目的

③保有個人データの開示等の請求等に応じる手続

④保有個人データの安全管理のために講じた措置

⑤保有個人データの取扱いに関する苦情の申出先

⑥認定個人情報保護団体の名称及び苦情の解決の申出先（認定個人情報保護団体の対象事業者である個人情報取扱事業者のみ）

その他、いわゆるオプトアウトによって個人データを第三者に提供する場合には、提供される個人データの項目や提供の方法等を、また、個人データを特定の者との間で共同利用する場合には、共同利用の対象となる個人データの項目や共同して利用する者の範囲等を、それぞれあらかじめ本人に通知するか、又は「本人が容易に知り得る状態」に置くことが求められる（個情法27条2項・5項3号）。更に、仮名加工情報を特定の者との間で共同利用するとき、匿名加工情報を作成したときや第三者に提供するときも、一定の事項の「公表」が要求される（同法41条6項、42条2項、43条3項・4項・6項、44条、46条）。

BtoC-E コマース運営者のように、専らウェブサイトを通じて個人情報を取り扱う事業者が、上記の各事項を自社ウェブサイトのトップページから1回程度の操作で到達できる場所へ継続的に掲載する場合、（「本人の知り得る状態」にとどまらず）「本人が容易に知り得る状態」に置いたことになり（個情法 GL 通則編 3-6-2-1 の（※2）、3-8-1（1）の（※1））、また「公表」したことになると解されている（個情法 GL 通則編 2-15）。したがって、BtoC-E コマース運営者が上記の各事項を記載したプライバシーポリシーを作成し、ウェブサイト上に公開することは、個情法に基づく情報開示義務の履行手段としての意義を有するということができる。

もっとも、少なくとも「本人の知り得る状態」に置くためには、必ずしも情報開示義務の対象事項の全てについてウェブサイトへの掲載を継続的に行う必要はなく、例えば電子商取引の場合、商品を紹介するページに問合せ先のメールアドレスを表示しておくなどの方法でも足りると解されて

いる（個情法 GL 通則編 3-8-1（1）の（※ 1））。したがって、上記①〜⑥の事項だけであれば、プライバシーポリシーに記載の上でウェブサイト上に公開することが個情法上義務付けられているとまでいうことはできない。これらの事項を記載したプライバシーポリシーを作成・公開することの法的意義を理解するためには、別の視点からの検討も必要になる。

# Ⅲ 個人情報取得時の利用目的の明示・公表手段としての意義

特に前記Ⅱの②の事項（全ての保有個人データの利用目的）を記載したプライバシーポリシーを作成し、ウェブサイト上に公開することは、個情法に基づく利用目的の明示・公表義務との関係で重要な意義を有する。

## 1 利用目的の明示

個情法 21 条 2 項は、個人情報取扱事業者が本人から直接書面（電磁的記録を含む）に記載された当該本人の個人情報を取得する場合、あらかじめ当該本人に対し、その利用目的を明示しなければならないと定めている。

ほとんどの BtoC-E コマースは、会員登録手続時や商品購入手続時等に、ユーザー本人が直接ウェブサイトに個人情報を入力するプロセスを経るものと思われる。また、会員登録後に、当該ユーザーによる商品の購入履歴やウェブサイトの閲覧履歴等の情報を、当該ユーザーの会員情報（個人情報）と紐付け可能な形で自動的に取得している BtoC-E コマース運営者も存在し得る。

いずれの場面でも、BtoC-E コマース運営者は、ユーザー本人から直接電磁的記録（＝個情法 21 条 2 項にいう「書面」）上の個人情報を取得することになるため（特に後者の自動的な取得の場面では、ユーザー本人側に個人情報を提供する旨の認識が存在しないのが通常だが、そのような場合であっても「本人から直接書面に記載された」個人情報を取得していると解し得る[5]）、あ

らかじめユーザーに利用目的を「明示」する必要が生じる。

　この「明示」には、利用目的をユーザーがアクセスしたウェブサイト上に表示することも該当すると解されているので（個情法 GL 通則編 3-3-4）、BtoC-E コマース運営者としては、利用目的を記載したプライバシーポリシーを作成した上で、ユーザーが最初にウェブサイト上で個人情報を入力し、送信ボタン等をクリックする画面と同一の画面内に、当該プライバシーポリシー（又はプライバシーポリシーへのリンク）を本人の目に留まるよう配置して公開すること[6]が、個情法に基づく利用目的明示義務を履行する上で重要となる。

## 2　利用目的の公表

　ユーザーがソーシャル・ネットワーキング・サービス（SNS）上に公開している自社商品等の感想等の情報を取得して分析する場面のように、BtoC-E コマース運営者がユーザー本人から「直接」個人情報を取得するわけではないケースでは、利用目的を「明示」する必要はないものの、あらかじめ又は情報取得後速やかに利用目的を「公表」しなければならない

---

5）岡村 245 頁。
6）個情法 GL 通則編 3-3-4 は、「ネットワーク上において個人情報を取得する場合は、本人が送信ボタン等をクリックする前等にその利用目的（利用目的の内容が示された画面に 1 回程度の操作でページ遷移するよう設定したリンクやボタンを含む。）が本人の目に留まるようその配置に留意することが望ましい。」とする。「望ましい」とあるので、これに従わず、例えば単にウェブサイト上のどこかに利用目的（を記載したプライバシーポリシー）を表示しておいただけであっても、そのことをもって直ちに個情法違反と評価されるものではないと考えられる（個情法 GL 通則編 1-1）。もっとも、「明示」したというためには、事業の性質及び個人情報の取扱状況に応じ、内容が本人に認識される合理的かつ適切な方法による必要がある（個情法 GL 通則編 3-3-4 の（※））。
　BtoC-E コマースの場合、少なくとも、ユーザーが最初に運営者に向けて個人情報を送信するまでの間に、ユーザーがその利用目的（又は利用目的へのリンク）を読み飛ばすことなく確実に目にする機会を設ける必要がある。ユーザーは、BtoC-E コマース運営者のウェブサイトの他のページから遷移することなく、検索エンジン等から直接個人情報の入力画面へアクセスすることもあり得る。そのため、BtoC-E コマース運営者が個情法に基づく利用目的明示義務を確実に履行しようとする場合、個人情報の入力画面と同一の画面内に利用目的（又は利用目的へのリンク）をユーザーの目に留まるよう配置すること以外の方法は、（ウェブサイト内のどのページにアクセスしても利用目的がポップアップ等で表示されるようなシステムを採用している場合は格別）実際にはとり難いように思われる。

（個情法 21 条 1 項）。なお、取得後速やかに本人に「通知」することでも足りるが、上記のような場面では現実的でない場合が多いだろう。

このようなケースが想定される場合、BtoC-E コマース運営者としては、プライバシーポリシーに利用目的を記載して自社ウェブサイトのトップページから 1 回程度の操作で到達できる場所へ掲載しておくことで、利用目的の公表義務を履行することが考えられる（前記 II）。

## 3　規約中の一条項として利用目的を定めることの是非について

前記 **1** 及び **2** のとおり、個人情報取扱事業者は、所定の場合に個人情報の利用目的を明示・公表すべき義務を負う。ただし、当該明示・公表のために、プライバシーポリシーという独立の文書を常に用意しなければならないわけでは必ずしもなく、取引に関する規約中の一条項（利用目的条項）として定めることも許される（明示義務との関係につき、個情法 GL 通則編 3-3-4。公表義務との関係でも、利用目的条項を含む規約を自社ウェブサイトのトップページから 1 回程度の操作で到達できる場所へ掲載している限り、常に許されないわけではないだろう）。

もっとも、少なくとも明示義務との関係では、単に取引に関する規約の全体をウェブサイトに表示するだけでなく、規約中の利用目的条項だけを取り出して、社会通念上、本人が認識できる場所及び文字の大きさで改めて記載するなど、本人が実際に利用目的を確認できるよう留意する必要がある（個情法 GL 通則編 3-3-4[7]）。このような措置をとりつつ、前記 II の個

---

[7]　個情法 GL 通則編 3-3-4 は、「本人が実際に利用目的を確認できるよう留意することが望ましい」（下線筆者）とするので、これに従わず、例えば利用目的条項を含む取引に関する規約の全体を何らの注記なくウェブサイト上に表示しただけであっても、そのことをもって直ちに個情法違反と評価されるものではないと考えられる（個情法 GL 通則編 1-1）。もっとも、規約の分量等によっては、ユーザー目線で利用目的条項がすぐには見つからない可能性もあることからすると、基本的には単に規約全体をウェブサイトに表示するだけでは足りないと考えておくことが無難だろう。公表義務との関係でも、利用目的条項がすぐには見つからないような規約を何らの注記なくウェブサイト上に表示しただけでは、「合理的かつ適切な方法」による公表（個情法 GL 通則編 2-15）と評価できない場合があり得る。

情法に基づく情報開示義務にも対応しようとするならば、規約ごとに利用
目的条項を定めるよりも、利用目的を含む個人情報の取扱いに関する事項
については別途プライバシーポリシーにまとめて記載して公開する方が効
率的ということができる。

　BtoC-E コマース運営者の多くが、取引に関する規約とは別にプライバ
シーポリシーという独立の文書を作成・公開している実務の背景には、こ
うした事情が存在するものと考えられる。

# Ⅳ　情報の取扱いに関する本人の同意の取得手段としての意義

## 1　個情法上の同意について

　プライバシーポリシーには、個人情報その他の情報の取扱いに関する本
人の同意の取得手段としての意義も存在する。ここでの「本人の同意」に
は、個情法上の同意と私法上の同意の2つの意味が含まれる。

　個情法にいう「本人の同意」とは、本人の個人情報が、個人情報取扱事
業者によって示された取扱方法で取り扱われることを承諾する旨の当該本
人の意思表示をいう（個情法 GL 通則編 2-16）。プライバシーポリシーとの
関係で特に重要なのは、個人データを第三者に提供することに対する同意
（同法 27 条 1 項）及び外国にある第三者に提供することに対する同意（同
法 28 条 1 項）、並びに個人データに第三者から取得した個人関連情報を付
加するなど、個人関連情報を「個人データとして」取得することに対する
同意（同法 31 条 1 項 1 号）である。

　個情法上の同意の取得は、上記のような個人データや個人関連情報の取
扱いに関する適法要件であり、同意の取得を怠れば、別途法定される代替
的な要件を満たさない限り、これらの取扱いが個情法違反と評価されるこ
とになる。個情法上の同意を適法に取得するためには、事業の性質及び個
人情報の取扱状況に応じ、本人が同意に係る判断を行うために必要と考え

られる合理的かつ適切な方法によらなければならず（個情法GL通則編2-16)、より具体的には、情報に基づき任意になされた意思表示として同意を取得する必要があると解されるので[8]、本人に対し、同意の前提となる一定の情報を開示することが重要となる。例えば、個人関連情報を個人データとして取得する際には、本人に対し、対象となる個人関連情報を特定できるように示した上で同意を取得する必要がある（個情法GL通則編改正パブコメ371番。なお、個人データの第三者提供に際して本人に開示すべき内容については、後記第4章Ⅳ1)。

　もっとも、個人データを第三者に提供したり個人関連情報を個人データとして取得したりする都度、個別に本人に情報開示した上で同意を得ることは手間がかかるため、本人から最初に個人情報を取得する際に、その時点で予測される個人データの第三者提供や個人関連情報の個人データとしての取得について包括的に同意を得ておきたいという実務上の要請が生じる。個人情報保護委員会もこうした情報取得時の包括的な同意取得を許容しているため（個人データの第三者提供につき個情法Q&A7-8、個人関連情報の個人データとしての取得につき個情法GL通則編3-7-2-1)、BtoC-Eコマース運営者としては、同意の前提として開示すべき情報を記載したプライバシーポリシーを作成した上で、会員登録手続時等に、ユーザーがウェブサイト上で個人情報を入力し、送信ボタン等をクリックする画面と同一の画面内に当該プライバシーポリシー（又はプライバシーポリシーへのリンク）を配置して公開し、ユーザーをしてこれに同意する旨のボタンをクリックさせることで、個情法上の同意を得たと整理することが便宜となる。

　ただし、このような包括的な同意の時点で開示された情報から予測できないような態様でユーザーの個人データを第三者に提供したり、個人関連情報を個人データとして取得したりする必要が生じたときは、改めて同意を取得し直さなければならない点には留意を要する。例えば、プライバシーポリシーに記載した以外の個人関連情報を個人データとして取得する必要

---

8）松前恵環「個人情報保護法制における『同意』の意義と課題」NBL1167号（2020）20頁、22頁。

が生じた場合がこれに該当する。

## コラム（4）　個人関連情報の提供元による同意取得の代行

　個人関連情報を個人データとして取得することに対する同意については、提供元の事業者が提供先を代行して取得することも認められる（個情法 GL 通則編 3-7-2-2）。もっとも、提供元の事業者は本人と接点を持たないことが前提であるため（本人と接点を持ち、提供しようとしている個人関連情報が当該本人に関する情報であると識別できるのであれば、当該情報は提供元にとってもはや個人関連情報ではなく、個人情報である）、プライバシーポリシーを通じて包括的に同意を（代行）取得するにしても、本文中で説明したような提供先自身が同意を取得する場面と異なり、「会員登録手続時等」に当該プライバシーポリシーを表示するというプロセスは観念できない。例えば Cookie に紐付いたウェブサイトの閲覧履歴等、ユーザー本人による入力行為を経ることなく、BtoC-E コマース運営者のウェブサイトを訪問しただけで自動的に取得されるような個人関連情報を第三者に提供しようとしているのであれば、ウェブサイトへの初回のアクセスがあった時点で（ポップアップ等を利用して）プライバシーポリシーを表示し、ユーザーをしてこれに同意する旨のボタンをクリックさせるなどの工夫が必要になると考えられる。

　また、このような同意の代行取得の場面では、提供元の事業者は、本人に対し、同意の前提となる情報として、提供先を個別に明示する必要があると解されている（個情法 GL 通則編改正パブコメ 369 番。提供元はあくまで特定の具体的な提供先が履行すべき義務を代行して履行する立場であるという考え方に基づくものと思われる。個人データの第三者提供の場面では、提供元は提供先を個別に明示することまでは求められないとされていること（個情法 Q&A7-9）と異なる整理である）。

　したがって、プライバシーポリシーを通じて包括的に同意を（代行）

取得したとしても、プライバシーポリシーに記載した提供先以外の第三者に個人関連情報を提供する必要が生じたときは、当該第三者の属性（もともとプライバシーポリシーに記載していた提供先の属性と同一か否か）にかかわらず、常に同意の再取得が必要になるものと思われる。

## 2　私法上の同意について

### （1）「私法上の同意」の意義

　個情法上の同意とは別に、個人情報その他個人のプライバシーに関わる情報の取扱いについて本人の同意を得ることで、当該取扱いが私法上のプライバシーに関する請求権（人格権に基づく差止請求権及び不法行為に基づく損害賠償請求権）を生じさせる場合でも、本人において当該請求権を行使できなくなる（あるいは、当該請求権の前提となる違法性が阻却される）という効果が生じる場合があり得る。例えば、東京地判平成29年3月29日（平成28年（ワ）第6433号）は、電気通信事業者である被告が、電気通信サービスの利用者である原告に滞納料金が存在していることに関する情報を他の携帯電話事業者に提供したこと等について、不法行為に基づく損害賠償請求が認められないと判断した事例であるが、その理由の1つとして、「被告のプライバシーポリシーには、被告が他の携帯電話事業者との間において顧客の個人情報を共有する場合があることが記載されていること」及び「原告が……上記プライバシーポリシーに承諾をしたこと」を挙げている。

　ここでの同意（上記判断部分では「承諾」と表現されている）の対象は、個情法上本人の同意が求められる情報の取扱い（個人データの第三者提供等）に限らず、プライバシーに関する請求権を発生させ得る情報の取扱い（例えば、特定の利用目的で個人情報を利用すること、特定の委託先に個人データの取扱いを委託すること等）を広く含む[9]。BtoC-E コマース運営者としては、このような同意の対象となり得る情報の取扱方法について広く記載したプライバシーポリシーを作成し、ユーザーの同意を得ることで、将来のユーザーによるプライバシーに関する請求権の行使を封じることができる可能

性がある。

　もっとも、ここでの同意は私法上の契約を構成する意思表示であるから、民法や消費者契約法に基づきその効力が否定される場合もある。すなわち、当該同意の意思表示が公序良俗違反（民法90条）等を理由として無効となり、又は錯誤（同法95条1項）、詐欺若しくは強迫（同法96条1項）等を理由として取り消される場合があることはもちろん、当該同意に係るプライバシーポリシー中の条項が、任意規定の適用による場合に比べてユーザーの権利を制限し又は義務を加重しており、かつ、信義誠実の原則に反してユーザーの利益を一方的に害するものであると評価されれば、消費者契約法10条に基づき当該条項が無効となる場合もあると考えられる。また、プライバシーポリシーが定型約款（民法548条の2第1項）に該当する場合、その中の同意に関する条項が信義誠実の原則に反してユーザーの利益を一方的に害すると認められれば、同意はなかったものとみなされる可能性がある（同条2項）。

## （2）プライバシーポリシーに対する同意は常に私法上の契約を成立させるか？

　プライバシーポリシーに対する同意が常に私法上の契約を構成する意思表示となるか、とりわけ定型約款の定義との関係で、プライバシーポリシーが「契約の内容とすることを目的として」準備された条項の総体（民法548条の2第1項柱書第3のかっこ書）といえるかについては議論がある。

　民法上の定型約款規制の立案担当者は、事業者がプライバシーポリシーその他の規約を通じて個人情報の利用目的や第三者への提供等の個情法上必要となる事項について顧客から同意を得たとしても、それはあくまでも個情法に基づく同意であり、契約の成立に向けられたものではないから、

---

9）板倉陽一郎「プライバシーに関する契約についての考察（2）」情報法制研究2号（2017）67頁は、「プライバシーに関する請求権を行使しないという私法上の契約」について、「法定公表事項等がプライバシーポリシー及び利用規約に記載されることによって、法定公表事項等について本人と個人情報取扱事業者の間に契約が締結される類型」が含まれるとしており、個情法上本人の同意が求められる事項以外の事項についても私法上の同意の対象となる可能性を指摘している。

当該規約は契約の内容とすることを目的として準備された条項の総体には該当せず、「定型約款に関する規律が直接適用されることはない」とする[10]。もっとも、これはあくまで公法上の意思表示である個情法上の同意（前記1）には定型約款規制が及ばないとしたにとどまり、プライバシーポリシーに対する同意が個情法上の同意を超えた私法上の効果を有し、その限りで定型約款規制の対象となる可能性まで否定したものではないと思われる。

　他方で、準則は、電子商取引のウェブサイト上にQ&A、FAQ、ヘルプ、よくある質問等の名称で掲載される取引に関する情報について、ウェブサイトの利用者に対する情報提供を目的として掲載されているものであり、契約の内容とすることを目的として準備された条項の総体ではないと解される場合が多いとし、また、前記**第3部**で説明した特商法11条に基づく表示も、契約の内容とすることを目的として準備されたものであることを明らかにする手段が特に講じられていなければ、契約の内容とすることを目的として準備された条項の総体ではないと解される可能性もあるとする（準則 I-2-1-1 の 2（2）①（ⅱ））。プライバシーポリシーも、これに対する同意に私法上の契約の成立という効果を持たせたいのであれば、取引に関する規約の中で、取得した情報をプライバシーポリシーに従って取り扱う旨明記するなどして、規約と一体的に「契約の内容とすることを目的として」準備されたものであることを明らかにする手段を講じる必要があると考えられる。

## 3　個情法上の同意と私法上の同意の関係

　特に個情法上本人の同意が求められる情報の取扱い（個人データの第三者提供等）に関し、個情法上の同意が認められるための要件と、私法上の同意が認められるための要件は、事実上重なる部分が多いと考えられる。すなわち、個情法上の同意に求められる「情報に基づき任意になされた意思表示」（前記**1**）という要素を欠く同意は、私法上も有効とは認められ

10）定型約款 Q&A 79 頁。

ないのが通常だろう。一方、例えば消費者契約法 10 条に基づき消費者契約の条項が無効となるか否かの判断に当たっては、当該条項の性質、契約が成立に至った経緯、消費者と事業者との間に存する情報の質及び量並びに交渉力の格差といった個別事情を考慮するものとされている[11]。そのため、一般的な事業の性質や個人情報の取扱状況に照らせば合理的かつ適切な方法によって同意が取得されており、個情法上の同意は有効に取得されているが、具体的な当事者間の個別事情(例えば、ユーザーの精神的・身体的健康状態や年齢等)を考慮した結果、私法上の同意としては無効という結論に至ることも、理論的にはあり得ると考えられる。

これに対し、いわゆる公法私法二元論を否定する立場から、個情法上の同意にも原則として民法(私法)の適用があると解すべきとする見解も存在する[12]。この見解に従えば、私法上無効な同意は個情法上も無効となるのが原則ということになる(同様の結論を示す個人情報保護委員会＝総務省「電気通信事業における個人情報保護に関するガイドライン(令和 4 年個人情報保護委員会・総務省告示第 4 号)の解説」(2022 年 3 月)2-17 も、この立場と思われる)。したがって、ユーザーの同意が私法上の同意として有効と認められるかという観点がより重要となる。

## V 提携事業者との間の契約に基づく義務の履行手段としての意義

BtoC-E コマース運営者が、提携事業者との間の契約に基づき、ユーザーの個人情報その他プライバシーに関わる情報の取扱いに関する一定の事項の公表を求められる場合もある。

いくつかの類型が考えられるが、1 つは、提携事業者からユーザーに関

---

11) 最判平成 23 年 7 月 15 日民集 65 巻 5 号 2269 頁。
12) 加藤伸樹「本人の同意の理論的検討」NBL1181 号(2020)45 頁。一方、定型約款 Q&A 79 頁は、個情法上の同意について、私法上の行為でないことから、その効力の有無は民法ではなく個情法の趣旨に照らして判断されることになるとしている。プライバシーポリシーを通じて個情法上の同意が有効に取得されていたとしても、私法上の同意としては無効という場合があり得るという立場に親和的といえる(板倉・前掲注(9)・73 頁も同様)。

する情報の提供を受けるに際し、提供元たる当該提携事業者との間で締結するデータ提供契約の中で、当該情報の取扱いについて一定の事項を公表することが義務付けられるケースである。この場合、個情法上の義務を超えた対応を求められることは多くないが、具体的な義務の内容は契約ごとに異なり得るため、留意が必要である。

　もう1つのケースとして、ユーザーに関する情報の取扱いに際して提携事業者のサービス（ウェブサイトのアクセス解析ツール、広告配信サービス等）を利用する場合に、当該サービスの利用契約の中で、一定の事項の公表が義務付けられることがある。例えば、米グーグル社が提供するアクセス解析ツールである「Google アナリティクス」の利用規約（2019 年 6 月 17 日最終更新）は、次のように定めている。

---

お客様は適切なプライバシーポリシーを用意及び遵守し、ユーザーからの情報を収集するうえで、適用されるすべての法律、ポリシー、規制を遵守するものとします。お客様はプライバシーポリシーを公開し、そのプライバシーポリシーで Cookie の使用、モバイルデバイスの識別情報（Android の広告識別子、iOS の広告識別子など）、またはデータの収集に使われる類似の技術について必ず通知するものとします。また、Google アナリティクスを使用していること、及び Google アナリティクスでデータが収集、処理される仕組みについても開示する必要があります。

---

　このように、提携事業者からユーザーに関する情報の取扱いについて一定の事項の公表を求められた場合、当該事項をプライバシーポリシーに記載するなどして公表しなければ、当該提携事業者から契約違反の責任を追及される可能性がある。

# Ⅵ　プライバシーマークその他の認証取得を目的とした体制整備手段としての意義

　プライバシーポリシーの「法的」意義という観点からはやや離れるが、プライバシーマークをはじめとする個人情報保護に向けた取組みに対する認証制度を利用して、その信頼性をてこに自社の収益力の向上を目指すBtoC-E コマース運営者にとっては、認証取得のためにプライバシーポリシーを通じて公表が求められる事項を確実に公表することも経営上重要なポイントである。

　プライバシーマークの場合、その認証基準である JIS Q15001：2017（個人情報保護マネジメントシステム‐要求事項）は、「5.2. 方針」及び附属書 A の「3.2 個人情報保護方針」において、次の事項を含む外部向け個人情報保護方針を文書化し、一般の人が知り得るようにすることを要求している。

---

①事業の内容及び規模を考慮した適切な個人情報の取得、利用及び提供に関すること（特定された利用目的の達成に必要な範囲を超えた個人情報の取扱いを行わないこと及びそのための措置を講じることを含む）

②個人情報の取扱いに関する法令、国が定める指針その他の規範を遵守すること

③個人情報の漏えい、滅失又はき損の防止及び是正に関すること

④苦情及び相談への対応に関すること

⑤個人情報保護マネジメントシステムの継続的改善に関すること

⑥トップマネジメントの氏名

⑦制定年月日及び最終改正年月日

⑧外部向け個人情報保護方針の内容についての問合せ先

---

　このほかにも、JIS Q15001：2017 は、個人情報の取得、利用、提供等

の各場面において、外部的に表示することが求められる事項を明記してお
り（附属書Ｂの「表B.1－表示事項整理表」で一覧的にまとめられている）、前
記Ⅱ～Ⅴの観点からプライバシーポリシーへの記載が求められる事項の具
体的内容を検討する上でも参考になる。これらの事項については、後記**第
4章**の関連する項目の中で適宜触れることとする。

## コラム（5）　信義則上の説明義務の履行手段としてのプライバシーポリシー

　BtoC-Eコマース運営者が、前記Ⅱ～Ⅵで挙げた事項を超えてユーザー
に対するプライバシーポリシーを通じた情報開示義務（説明義務）を負
うことがあるとすれば、信義誠実の原則（民法１条２項）が根拠にな
り得る。

　一般的に、契約を締結しようとする当事者間に情報量・情報処理能力
等の格差がある場合等に、当事者の一方が他方に対して契約締結過程に
おける信義則上の説明義務を負うことがあることは、判例・学説によっ
て認められている[13]。そして、BtoC-Eコマース運営者がユーザーから
取得した情報をその後どのように取り扱うかについて、ユーザーには通
常、プライバシーポリシー等を通じて運営者の説明を聞くこと以外に把
握する手段がないので、運営者とユーザーの間にはユーザーの情報の取
扱いについて情報量・情報処理能力の格差があるといえる。したがって、
一般論としては、BtoC-Eコマース運営者がユーザーに対して信義則上
の説明義務を負う可能性はあるといえよう。

　問題は、具体的にいかなる場合に、どのような内容の義務を負うかで
ある。契約を締結するに際して必要な情報は各当事者が自ら収集するの
が原則であることからすると、情報格差があれば当然に説明義務が発生

---

13）法制審議会民法（債権関係）部会「民法（債権関係）の改正に関する中間的な論点整理」（2011
　年４月12日）第23の２（76頁）。このような説明義務の存在を認めた裁判例として、マンショ
　ンの売買契約の売主及び当該売主から委託を受けた宅地建物取引業者に防火設備の操作方法
　の説明義務があったと判断した最判平成17年９月16日判時1912号８頁等。

するというわけではなく、説明義務の存否は、契約の内容・性質、当事者の地位・属性・専門性の有無、交渉経緯、問題となっている情報の重要性・周知性、当事者間の信認関係の有無等を含む諸般の事情を考慮して判断される[14]。こうした諸般の事情を考慮した結果として、ユーザーのプライバシーに関わる情報の取扱いについて事前に十分な説明がなされていなかったと評価できるのであれば、端的に情報の取扱いについて有効な同意が得られていなかったと整理すれば通常は足り、それ以上に説明義務の存在を持ち出す実益に乏しいように思われる。

　いずれにしても、BtoC-E コマース運営者が、信義則上の説明義務の存在を根拠に、前記 II ～ VI で挙げた事項以外の事項について、ユーザーに対してプライバシーポリシーを通じて何らかの情報開示を行わなければならないと認められる場面は限定的だろう。

---

14) 法務省民事局参事官室「民法（債権関係）の改正に関する中間的な論点整理の補足説明」（2011年 5 月）第 23 の 2 （186 頁）。

# 第4章
## プライバシーポリシーを作成する上での留意点

## I　対象とする情報の範囲とプライバシーポリシーの表題

　前記第3章で整理したプライバシーポリシーの法的意義を踏まえ、以下では、実際にプライバシーポリシーを作成する上での具体的な留意点を、一般的に規定されることが多い条項ごとに検討することとしたい。まずは、個別の条項ごとの検討に入る前に BtoC-E コマース運営者が決めておくべき前提事項について解説する。

　プライバシーポリシーを作成する上では、本来、まず、どの範囲の個人に関する、どの範囲の情報を規律の対象とするのかを確定しなければならない。このうち、どの範囲の個人を対象とするかという視点は、BtoC-E コマース運営者の場合、ユーザーのほかに自社の株主や従業員、採用候補者等に関する情報を取り扱うことが想定され、それぞれの情報に特有の問題が存在するため重要であるが、本書ではこの視点からの考察は割愛し、ユーザーに関する情報の取扱いのみに焦点を当てることとする。

　前記第3章IIIのとおり、BtoC-E コマースを運営する上でのプライバシーポリシーの重要な法的意義の1つは、個情法上の「個人情報」の取得に際してユーザーに利用目的を明示・公表すること（同法21条1項・2項）にある。したがって、プライバシーポリシーが規律の対象とすべき情報の中心が同法上の「個人情報」であることは間違いない。

　個情法上の「個人情報」の定義は前記第2章IIのとおりであり、BtoC-E コマース運営者が、会員登録手続時等にユーザーに入力させる氏名、住所、生年月日、メールアドレス等の情報は、これらが相互に紐付けられ、全体

として特定の個人を識別できる限り、「個人情報」に該当する。また、BtoC-E コマース運営者がユーザー管理のために付与する会員番号や ID、ユーザーによる商品の購入履歴等の情報も、データベース上で氏名等に紐付けて（つまり、氏名等と「容易に照合することができ、それにより特定の個人を識別することができる」状態で）管理されている限り、やはり「個人情報」に該当する。

　一方、ユーザーが BtoC-E コマースサイトを閲覧する際にウェブサーバから発行される Cookie や、ユーザーが使用するスマートフォンその他のデバイスの端末識別子、更にこれらと紐付けられたウェブサイトの閲覧履歴等の情報も、氏名等の他の個人情報と紐付けられて管理されていれば「個人情報」に該当するが、そうでなく、特定の個人を識別することができないのであれば、「生存する個人に関する情報」ではあるものの、「個人情報」ではない情報ということになる[15]。これらの情報については、匿名加工情報に該当する場合に一定の事項の公表が求められ（前記**第3章Ⅱ**）、個人関連情報に該当する場合で一定の条件下でこれを第三者から取得するときに本人の同意の取得が求められる（前記**第3章Ⅳ1**）ほかは、プライバシーポリシーでその取扱いについて説明すべき個情法の要請はないともいえる。

　しかし、前記**第3章Ⅳ2**のように、プライバシーポリシーを通じてユーザーから私法上の同意を取得し、ユーザーによるプライバシーに関する請求権の行使を制限する場面を想定すると、同意の対象を個情法上の個人情報等の取扱いに限定すべき理由はなく、むしろプライバシーに関わる情報の取扱いについて広く同意を得ておいた方が、BtoC-E コマース運営者としては安心して情報を取り扱うことができよう。したがって、BtoC-E コマース運営者において、ユーザーのプライバシーに関わる情報を広く取り

---

15) 念のため付言すると、本文の1つ前の段落で触れたメールアドレスや商品の購入履歴等の情報も、それ単体では特定の個人を識別できない場合が多く、したがって特定の個人を識別するために紐付けるべき他の情報がなければ、通常は「個人情報」に該当しない。このように、個情法上の「個人情報」概念は（個人識別符号が含まれる場合を除き）あくまで相対的なものであり、「メールアドレスは個人情報である」、「Cookie は個人情報ではない」といった無条件の確定的な判断はできないことに留意が必要である。

扱うことを予定しているのであれば、プライバシーポリシーの規律対象を、例えば個人情報を含む個人に関する情報一般（実務上、「パーソナルデータ」等と呼ばれることもある）等、個情法上の個人情報よりも広く設定することを検討する必要がある。

　以上の検討の結果、プライバシーポリシーが規律の対象とする情報の範囲を確定させた際には、その結論と矛盾しないタイトルをプライバシーポリシーに付しておきたい。実務上、「個人情報の取扱いについて」、「個人情報保護指針」等のタイトルが付されたプライバシーポリシーをよく目にするが、個情法上の個人情報よりも広い範囲の情報を対象としているのであれば、そのようなタイトルは必ずしも適切でなく、「情報の取扱いについて」、「パーソナルデータの取扱いについて」、あるいはそのまま「プライバシーポリシー」といったタイトルにした方が誤解は生じにくいだろう。

### コラム（6）　プライバシーポリシーへの外国法の適用可能性

　BtoC-E コマース運営者がプライバシーポリシーの個別具体的な条項の検討に入る前に考慮しておくべき前提事項としては、外国法に基づく規制の適用リスクの大小も挙げられる。

　本書は BtoC-E コマースに関する国内法上の留意点の概説を目的としているため、外国法の規定内容の詳細に立ち入ることはしないが、近年の消費者プライバシー保護に対する国際的な関心の高まりは、インターネットを通じて世界中の消費者が潜在的な顧客となるオンラインビジネスの運営者にとって、もはや無視できない問題となっている。日本の個情法が一定範囲の域外適用を認めている（同法 166 条）のと同様、自国・自地域の個人情報保護法制の域外適用を認める国や地域は増加傾向にあるところ、オンラインビジネスの運営者による個人情報の取扱いが、そうした国・地域の域外適用要件を満たす場合、プライバシーポリシーの規定内容が実は当該国・地域の規制に違反していて、思わぬところから制裁を受けるということもあり得る。

　とはいえ、世界中の国や地域の法制を調査して自社ビジネスへの適用可能性を検証することは現実的でない。したがって、BtoC-E コマースを含むオンラインビジネスの運営者は、こうした外国法に基づく規制の適用リスクについて、ゼロにはできないという前提の下、適用可能性が比較的高いと思われる国や地域の法制を特定した上で対応策を考えることが、実務上は重要である。適用可能性の大小を判断する上では、例えば、欧州データ保護会議（European Data Protection Board：EDPB）が、EU 域内に拠点のない管理者又は処理者による EU 域内のデータ主体の個人データの取扱いについても、「EU 域内のデータ主体に対する物品又はサービスの提供（the offering of goods or services……to such data subjects in the Union)」と関連する限り適用されるとする EU 一般データ保護規則（General Data Protection Regulation：GDPR）3 条 2 項（a）の解釈として、次の要素を考慮して、EU 域内のデータ主体に対してサービスを提供しようとする意図が明白か否か（GDPR 前文 23 項）を判断すべきとしていること[16]が参考になる。

①提供する物品又はサービスに関連して EU 又は少なくとも一の加盟国の名称が示されていること
② EU 域内の消費者によるウェブサイトへのアクセスを促進するために検索エンジン運営者が提供するサービスの対価を支払ったり、EU 加盟国内の人に向けたマーケティングキャンペーンや広告キャンペーンを開始したりしていること
③問題となっている活動の国際性
④ EU 加盟国内から連絡するための専用のアドレス又は電話番号の記載
⑤使用しているトップレベルドメイン
⑥ EU 加盟国からサービス提供地までの移動案内の記載

16）EDPB, Guidelines 3/2018 on the territorial scope of the GDPR（Article 3）, Version 2.1, January 7, 2020.

⑦様々な EU 加盟国に居住する顧客で構成される国際的な常連客への言及

⑧使用している言語又は通貨

⑨ EU 加盟国内で物品の配送を行っていること

# Ⅱ 情報の利用目的と取得方法

## 1 利用目的と取得方法の関係

　前記**第3章Ⅱ・Ⅲ**のとおり、情報の利用目的は、個情法に基づき本人に対する情報開示が義務付けられる項目の1つ（同法32条1項2号）というだけでなく、情報取得時に本人に対して明示し、又は公表すべき事項（同法21条1項・2項）としての意義を有し、プライバシーポリシーの記載内容の中でも特に重要な位置付けにあるといえる。

　一方、情報の取得方法については、個情法上特に本人への情報開示が求められているわけではない。しかし、BtoC-E コマースの会員登録手続時等に、ユーザー本人が直接ウェブサイトに個人情報を入力する場面（前記**第3章Ⅲ**のとおり、この場面では、個情法上、利用目的の明示が求められることになる）を想定すると、ユーザー本人としては、今まさに提供しようとしている自らに関する具体的な情報がどのような目的で利用されるのかを理解する必要があるのに、それ以外の情報に係るものを含むあらゆる利用目的を羅列しただけのプライバシーポリシーを示されても、利用目的が明確に示されているとは言い難い場面も想定され、場合によっては「合理的かつ適切な方法による」（個情法 GL 通則編 3-3-4 の（※））利用目的の明示が存しないと評価される可能性もある。したがって、特に多数のチャネルを通じてユーザーに関する情報を収集し、それらを多岐にわたる目的で利用することを想定している BtoC-E コマース運営者においては、少なくとも、ユーザーが自ら直接提供する情報の利用目的がどれに当たるのかを明確にしておくことが望ましい。

　また、会員登録後に、当該ユーザーによる商品の購入履歴等の情報を
BtoC-E コマース運営者が自動的に取得する場面（前記**第3章Ⅲ**のとおり、
この場面でも、利用目的の明示が求められる）や、ユーザーがソーシャル・ネッ
トワーキング・サービス（SNS）上に公開している自社商品等の感想等の
情報を BtoC-E コマース運営者が独自に取得して分析する場面（この場面
では、利用目的の公表が求められる）では、ユーザー本人は BtoC-E コマー
ス運営者から説明を受けなければ、そもそもいつ、どのような方法で自ら
に関する情報が取得される（た）のかを知り得ない。こうした場面での情
報取得が想定される場合、BtoC-E コマース運営者としては、やはり「合
理的かつ適切な方法」（個情法 GL 通則編 2-15、3-3-4 の（※））による明示・
公表の存在を担保するため、上記の「ユーザーが自ら直接提供する情報」
か否かという区別に加え、BtoC-E コマース運営者が自動的に取得する情
報か、あるいはソーシャル・ネットワーキング・サービス（SNS）その他
の第三者から取得する情報か、といった区別をプライバシーポリシー上で
明確にしておくことが望ましい。

　なお、スマートフォンのアプリケーションは、スマートフォンの中の利
用者情報へアクセスを行い、利用者に対して自らの情報がどのように取得・
利用されているのかを十分理解する機会を与えないままに情報を取得・利
用してしまう側面があることから、総務省の「スマートフォンアプリケー
ションプライバシーポリシー普及・検証推進タスクフォース」が、2017
年 7 月 10 日に「スマートフォン　プライバシー　イニシアティブⅢ」を
公表し、その中で、「取得する利用者情報の項目等」及び「取得方法」を
明示したプライバシーポリシーをアプリケーション提供者が作成・公表す
べきことを提言している（同 1.2.1.1 ②・③。なお、「利用者情報」には個情法
上の個人情報に該当しない情報も含まれ得ることが前提である）。このような
考慮は、BtoC-E コマース運営者が、スマートフォンのアプリケーション
を提供するか否かにかかわらず、ユーザーにとって自らに関する情報がど
のように取得・利用されているのかを十分理解できないような方法で情報
を取得する場面においては、常に同様に求められるものと思われる。前記

第3章Ⅵで触れたプライバシーマークの認証基準である JIS Q15001：2017 が、附属書 A の「3.4.2 取得、利用及び提供に関する原則」の中で、本人から書面（電磁的記録を含む）に記載された個人情報を取得する場合、あらかじめ、「本人が容易に知覚できない方法によって個人情報を取得する場合には、その旨」を書面（電磁的記録を含む）によって本人に明示しなければならないとしていること（同 3.4.2.5）も、同様の考え方に基づくものといえるだろう。

## 2　利用目的の記載の程度

　このように、取得シーンごとに情報の項目を分類した後は、それぞれの情報の利用目的を「できる限り特定」（個情法 17 条 1 項）して記載する。「できる限り」特定するとは、BtoC-E コマース運営者において、情報をどのような目的で利用するかについて明確な認識を持つことができ、また、ユーザー本人において、自らに関する情報がどのような事業の用に供され、どのような目的で利用されるのかについて一般的かつ合理的に予測・想定できる程度に特定することをいう（個情法 Q&A2-1）。

　特に、個人情報保護委員会は、あらかじめ個人データを第三者に提供することを想定している場合、利用目的の特定に当たっては、その旨が明確にわかるよう特定しなければならないとする（個情法 GL 通則編 3-1-1）。「個人データを第三者に提供すること」そのものが利用目的の一種にほかならないという考え方[17]に基づくものと思われる（個人データの第三者提供に関する規律との関係については、後記Ⅳ **1**）。

　また、ある情報から、その情報とは異なるユーザーに関する行動・関心等の情報を予測等（いわゆる「プロファイリング」）して活用する場合、最終的な活用目的を記載するだけ（例：「商品の購入履歴を広告配信のために利用します」）ではなく、当初取得した情報に対して分析する処理を行い、別の情報を予測等していることをも記載する（例：「商品の購入履歴を分析し、

---

17）岡村 307 頁。

趣味・嗜好に応じた新商品・サービスに関する広告のために利用します」)必要があると考えられる(個情法 GL 通則編 3-1-1 の(※ 1))。

# Ⅲ 情報の管理方法

　取得した情報の管理方法、特に情報の漏洩、滅失又は毀損を防止等するための安全管理措置の内容については、従来、プライバシーマークの認証基準である JIS Q15001:2017 において、外部向け個人情報保護方針の一内容として記載が求められる程度の位置付けであったが(前記**第 3 章Ⅵ**)、前記**第 3 章Ⅱ**のとおり、「個人情報の保護に関する法律等の一部を改正する法律」(令和 2 年法律第 44 号)による個情法のいわゆる令和 2 年改正に伴い、同法に基づく情報開示義務(同法 32 条 1 項)の対象に加えられることとなった。

　安全管理措置を実施することそのものは、個情法 23 条〜 25 条の規定によって個人情報取扱事業者の義務とされている。具体的に講じなければならない措置は、個情法 GL 通則編の「10(別添)講ずべき安全管理措置の内容」で、次の 7 つの区分ごとに手法の例示とともにまとめられている。

---

①基本方針の策定
②個人データの取扱いに係る規律の整備
③組織的安全管理措置
④人的安全管理措置
⑤物理的安全管理措置
⑥技術的安全管理措置
⑦外的環境の把握

---

　これらの措置は、個人データが漏えい等をした場合に本人が被る権利利益の侵害の大きさを考慮し、事業の規模及び性質、個人データの取扱状況(取り扱う個人データの性質及び量を含む)、個人データを記録した媒体等に

起因するリスクに応じて、必要かつ適切な内容としなければならない（個情法 GL 通則編 3-4-2、3-4-3、3-4-4）。そのため、安全管理措置の内容は個人情報取扱事業者によって異なり、上記①〜⑦の区分ごとの情報開示の具体的内容にも濃淡があり得る（個情法 GL 通則編 3-8-1（1）④。なお、上記⑦について本人に情報開示すべき具体的内容については、後記 V 1）。また、前記**第 3 章 II** のとおり、情報開示の具体的方法には「本人の求めに応じて遅滞なく回答する場合」を含むため、例えばプライバシーポリシーに「法令及びガイドラインに従い、当社における使用状況に応じた安全管理措置を講じております。具体的内容についてはお問い合わせください」とだけ記載し、問合せ窓口情報を併記しておくことも、基本的には許容されるものと思われ（個情法 Q&A9-3）、実務的にもそのような方法をとっている企業は少なくない。もっとも、その場合でも、上記区分ごとに講じている措置の具体的内容を「遅滞なく回答」できる体制を整備しておく必要があることは当然である。

　特に BtoC-E コマースの場合、「個人データを記録した媒体等に起因するリスク」に関し、情報システムを使用して電磁的記録媒体に個人データを記録しているケースが多いという特徴がある。そのため、上記⑥の技術的安全管理措置については、積極的に情報を開示することによるレピュテーション上のメリット等も考慮の上、場合によってはある程度具体的に、かつ、問合せを待たずにプライバシーポリシー自体で情報開示を行うこと（例えば、個情法 GL 通則編 3-8-1（1）④の「安全管理のために講じた措置として本人の知り得る状態に置く内容の事例」等を参考に、「アクセス制御を実施して、担当者及び取り扱う個人情報データベース等の範囲を限定するとともに、個人データを取り扱う情報システムを外部からの不正アクセス又は不正ソフトウェアから保護する仕組みを導入しています」という記載を載せるなど）を検討すべきだろう。ただし、アクセス制御の範囲やアクセス者の認証手法、不正アクセス防止措置の内容等、「本人の知り得る状態（本人の求めに応じて遅滞なく回答する場合を含む。）に置くことにより当該保有個人データの安全管理に支障を及ぼすおそれがある」（個情令 10 条 1 号かっこ書）事項に

ついては、情報開示の必要はない（プライバシーポリシーに記載する必要がないことはもちろん、問合せがあっても回答を拒否できる）。

　いずれにしても、BtoC-E コマース運営者にとっては、プライバシーポリシーに何を書くかと同等かそれ以上に、自社が実際に講じている安全管理措置の具体的内容を把握し（必要があれば見直し）、少なくとも問合せ窓口担当者その他プライバシーポリシーの作成・運用に携わる部署の役職員の間で共有しておくことが重要である。こうした下準備を怠り、実際に講じている安全管理措置の内容と齟齬がある情報をユーザーに開示してしまうと、個情法違反のおそれが生じることはもちろん、プライバシーポリシー等を通じてユーザーとの間で締結された私法上の契約への違反の責任を追及されるリスクもある。

# Ⅳ　情報の第三者提供・委託・共同利用

## 1　情報の第三者提供

　BtoC-E コマース運営者において、ユーザーの個人データを取得した後に第三者へ提供することが想定される場合、前記**第3章Ⅳ 1**で触れたとおり、プライバシーポリシーを通じてあらかじめ一定の情報をユーザーに開示し、それを前提にユーザーから個情法上の同意（同法27条1項）を取得することがある。

　もっとも、具体的にどのような情報をプライバシーポリシーに記載すべきかについて、個情法に明確な定めはない。条文をそのまま読むと、単に「個人データを第三者に提供」することさえ記載していれば足りる（そして、前記**Ⅱ 2**のとおり、「個人データを第三者に提供」することは、利用目的として特定が要求される事項でもあるため、これに加えて何らかの情報開示を行う必要がない）ようにも思える。個人データの第三者提供について本人の同意が必要であることを原則とする個情法27条について、利用目的による制限を定めた同法18条の特則（あらかじめ特定された利用目的の達成に必要な

範囲内であれば、個人データの取扱いについて本人の同意は不要なのが原則であるところ、個人データを第三者に提供するという取扱いについては、例外的に本人の同意を必要とする規律）であるという前提に立てば、そのような考え方もあり得るところである[18]。もっとも、同法27条1項の同意が不要とされるオプトアウト方式による第三者提供（同条2項）を行う場合であっても、利用目的として「第三者提供」を特定しなければならないと解されていること（個情法Q&A2-9）からすれば、同法27条は、利用目的による制限を定めた同法18条の特則というよりも、利用目的による制限の範囲内であること（同法18条の規定を遵守していること）は当然の前提として、それに加えて同法27条が定める条件を満たした場合に初めて個人データの第三者提供ができる、とする規律であると解釈するのが自然だろう[19]。そうだとすると、単に「個人データを第三者に提供する」とだけプライバシーポリシーに記載しておいて、それに対する同意を取得すれば足りる、というわけではなく、最低限、どのような場合に第三者提供が行われるか、本人において認識できる程度の情報をプライバシーポリシーに記載しておくことが、「情報に基づき」任意になされた意思表示であることが求められる個情法上の同意（前記**第3章Ⅳ 1**）を取得する上では求められるものと考えられる。

　この点に関連して、個情法Q&A7-9は、第三者提供の同意を得るに当たり、提供先を個別に明示することまでは求められないとし、想定される提供先の範囲や属性を示すことも「望ましい」とするにとどめるが、上記のような考え方に基づいて本人の同意を適切に取得しようとする場合、結果的に提供先の範囲や属性は本人に情報開示されるべき事項と整理される

---

18) 園部逸夫＝藤原静雄『個人情報保護法の解説〔第二次改訂版〕』（ぎょうせい、2018）174頁は、個情法27条（当時の23条）について、同法18条（当時の16条）の特則であるという前提（同書172頁）の下、「個人データを第三者へ提供することを当初から予定している個人情報取扱事業者は、本人から個人情報を直接取得しようとする場合には、書面等でその利用目的（個人データの第三者提供）を明記した上で同意欄において本人の意思を確認するなど、個人情報を取得する時点で本人の同意を得ることが多いと考えられる」とする。利用目的の「明記」の程度として、単に「個人データを第三者に提供する」ということだけを書いていれば足りるのだとすれば、本文で述べたような考え方に立つものと評価できる。
19) 岡村307頁。

場合が多いと思われる。

　なお、プライバシーマークの認証基準である JIS Q15001 : 2017 の附属書 A「3.4.2 取得、利用及び提供に関する原則」は、本人から書面(電磁的記録を含む)に記載された個人情報を直接取得する場合で、個人情報を第三者に提供することが予定されるときは、次の事項又はこれらと同等以上の内容の事項を、あらかじめ書面(電磁的記録を含む)によって本人に明示しなければならないとしている(同 3.4.2.5)。

---

①第三者に提供する目的
②提供する個人情報の項目
③提供の手段又は方法
④当該情報の提供を受ける者又は提供を受ける者の組織の種類及び属性
⑤個人情報の取扱いに関する契約がある場合はその旨

---

## 2　情報の取扱いの委託

　個人データを含むユーザーに関する情報の取扱いを委託することに伴い当該情報を提供するだけであれば、委託先は個情法上の「第三者」に当たらないため(同法 27 条 5 項 1 号)、同法上の同意の取得は不要である。したがって、同法上の同意を取得する前提としての本人への情報開示という観点からは、情報の取扱いを委託する旨及び委託先に関する情報をプライバシーポリシーに明記する意味はない。

　もっとも、実務上、個人データの第三者提供と取扱いの委託の境界は不明確であることが多い。例えば、BtoC-E コマース運営者が、自社の商品・サービスを広告するため、ユーザーの個人データの一部(氏名等の特定の個人を識別できる情報は含まない場合が多いが、E コマース運営者側でそれを氏名等と紐付けて管理している限り、一部であっても個人データに該当する)を広告代理店や広告配信事業者に提供する場面を想定すると、広告代理店

等において、広告配信の結果として得られたユーザーの反応等の別の個人データを自社のために利用することは、個人データの取扱いの委託としては許されないと解されている（個情法 Q&A7-40）。また、広告代理店等において、データ・マネジメント・プラットフォーム（DMP：インターネット上のユーザーデータの収集・蓄積・統合・分析を行うプラットフォーム）等に蓄積された別のデータを当該個人データに付加したり、広告配信プラットフォーム上で別途ユーザーが登録していたデータと当該個人データを突合したりして配信対象を限定する場合は、本人の同意を取得しなければならないと解されている（個情法 Q&A7-41、7-42）。広告代理店等においてこうした自社利用や別のデータの付加・突合を行わない場合は、個人データの取扱いの委託として本人の同意は不要と整理されるものと思われるが、BtoC-E コマース運営者側でこのような取扱いの差異を正確に把握することは容易でないこともあるため[20]、外部事業者への個人データの提供が本当に個情法上の「取扱いの委託」に該当するのか（プライバシーポリシーへの記載が不要なのか）については慎重な検討が必要である（単に「業務委託契約」といった名称の契約に伴って提供しているというだけで「取扱いの委託」に該当するわけではない）。

　また、たとえ個情法上の「取扱いの委託」に伴う個人データの提供であったり、そもそも対象となる情報が個人データに該当しない場合であったりして、個情法上は本人の同意が要求されないケースでも、事業者の委託先からの情報漏洩事故が少なからず発生している現状に鑑みれば、ユーザーにとって自らに関する情報の取扱いが第三者に委託されているのか否かは重要な関心事であるということができる。したがって、プライバシーに関する請求権の不行使に係る私法上の同意を取得するという前記**第 3 章Ⅳ 2**の観点や、安全管理措置の内容に関する情報開示という前記**Ⅲ**の観点から、

---

[20]　提供を受けた個人データの自社利用に関し、委託先は、委託元の利用目的の達成に必要な範囲内である限りにおいて、提供を受けた個人データを「自社の分析技術の改善のために利用すること」は許されると解されている（個情法 Q&A7-39）。機械学習のための教師データの利用等がこれに該当し得ると考えられるが、委託元の立場から、本文で述べたような許されない自社利用との差異を正確に把握することはやはり容易でないだろう。

少なくとも、情報の取扱いの委託の可能性があること及び委託先の監督義務（同法25条）を果たしていることについてはプライバシーポリシーに記載しておくことが望ましいといえるだろう。

なお、プライバシーマークの認証基準であるJIS Q15001：2017は、附属書Aの「3.4.2 取得、利用及び提供に関する原則」の中で、本人から書面（電磁的記録を含む）に記載された個人情報を直接取得する場合で、当該個人情報の取扱いの委託を行うことが予定されるときは、その旨又はこれと同等以上の内容の事項を、あらかじめ書面（電磁的記録を含む）によって本人に明示しなければならないとしている（同3.4.2.5）。

## 3　情報の共同利用

特定の者との間で個人データを共同利用する場合も、当該特定の者は個情法上の「第三者」に当たらず、したがって同法上の同意の取得は不要となる。ただし、この場合は、次の事項をあらかじめ本人に通知し、又は「本人が容易に知り得る状態」に置かなければならない（同法27条5項3号）。前記**第3章Ⅱ**のとおり、BtoC-Eコマース運営者の場合、これらの事項をプライバシーポリシーに記載して、ウェブサイトのトップページから1回程度の操作で到達できる場所へ継続的に掲載することにより、「本人が容易に知り得る状態」に置く措置を講じることになるだろう。

①特定の者との間で個人データを共同して利用する旨
②共同して利用される個人データの項目
③共同して利用する者の範囲
④利用する者の利用目的
⑤当該個人データの管理について責任を有する者[21]の氏名又は名称、

---

21) 開示等の請求及び苦情を受け付け、その処理に尽力するとともに、個人データの内容等について、開示、訂正、利用停止等の権限を有し、安全管理等個人データの管理について責任を有する者をいう（個情法GL通則編3-6-3 (3) ⑤）。各共同利用者を「責任を有する者」とし、それぞれが開示等の請求等や苦情を受け付けることとすることもできる（個情法Q&A7-49）。

> 住所及び（法人の場合は）代表者の氏名[22]

　なお、共同利用は、本人から見て、当該個人データを提供する事業者と一体のものとして取り扱われることに合理性がある範囲で当該個人データを共同して利用することを認める制度である（個情法 Q&A7-50）。特に資本関係のない提供先との間で共同利用を行う場合は、個人データを自社と「一体のものとして」取り扱うことの合理性が本人にわかりやすく伝わるよう、共同利用される個人データの項目（②）や共同利用の目的（④）をある程度具体的に記載することが望ましいといえる。

　また、「共同して利用する者」に対し個人データを提供する場合であっても、当該共同利用者が、当該個人データを、本人に示した「利用する者の利用目的」の範囲を超えて利用するようなときには、共同利用でなく第三者提供となる。この場合は、当該提供に際し本人の同意を別途取得する必要がある。

# V　外国における情報の取扱い

## 1　安全管理措置の一環としての「外的環境の把握」に関する情報開示

　BtoC-E コマース運営者がユーザーに関する情報を外国で取り扱う可能性がある場合、その旨をプライバシーポリシーに明記している例は多い。

　法的に分析すると、ここでの「外国で取り扱う」という言葉は、（ i ）自社自身が外国で（海外支店や外国所在のサーバ上で）情報を取り扱う場合と、（ ii ）自社とは別の法人格を有する「外国にある第三者」（個情法 28 条1 項）に情報を提供する場合の 2 つを含意する。

---

22）住所及び代表者の氏名については、本人が確実に認識できる形であれば、プライバシーポリシーを表示するウェブページに当該「責任を有する者」のウェブサイトへのリンクを張り、リンク先に所定の事項を継続的に掲載する（「責任を有する者」に掲載してもらう）といった対応も可能と考えられている（個情法 GL 通則編改正パブコメ 288 番）。

いずれの場合も、対象となる情報が個人データに該当する限り、個情法23条〜25条の規定が要求する安全管理措置の一環として、「外的環境の把握」、つまり個人データを取り扱う外国の個人情報の保護に関する制度等を把握した上で、個人データの安全管理のために必要かつ適切な措置を講じる必要がある(個情法 GL 通則編 10-7。ただし、(ⅱ)のうち、「外国にある第三者」に対し、個人データの取扱いの委託を超えた純粋な第三者提供を行う場合は、提供元の BtoC-E コマース運営者自身が外国で当該個人データを取り扱っているわけではないため、提供元において安全管理措置を講じる必要はないと考えられる)。

そして、前記Ⅲのとおり、講じた安全管理措置の内容は、本人に対する情報開示義務の対象となるため、個人データを外国で取り扱う BtoC-E コマース運営者は、当該外国の名称を明らかにすることが求められるほか、当該外国の制度についても本人に開示することが推奨される(個情法 GL 通則編 3-8-1(※ 8))。こうした情報開示は、基本的にプライバシーポリシーの自社ウェブサイトへの公開を通じて行うことになるだろう。

なお、前記Ⅲのとおり、理論的にはプライバシーポリシーに記載せず、問合せを待って遅滞なく回答することでも個情法の要請を満たし得るが、BtoC-E コマースのユーザーは、外国における個人データの取扱いについてプライバシーポリシーに一切記載がなければ、自らに関する個人データが外国において取り扱われることはないと認識することが通常と思われるため、具体的な国名は問合せを待って回答するものとするにしても、いずれかの外国において個人データを取り扱うこと自体は原則としてプライバシーポリシーに明記すべきといえる。

実務上しばしば問題になるのは、BtoC-E コマース運営者が、外国事業者が運営するクラウドサーバやデータセンターに個人データを保存するケースである。この場合において、当該外国事業者が当該個人データを取り扱わないことになっているとき(契約条項によって当該外国事業者が当該個人データを取り扱わない旨が定められており、適切にアクセス制御を行っているとき等)は、BtoC-E コマース運営者は当該外国事業者に対して個人デー

タを提供したことにならないと解されているが（個情法 Q&A7-53）、BtoC-E コマース運営者自身が個人データを外国で取り扱っていることには変わりない（上記（ⅰ）に該当）と整理される（保存先のサーバが日本国内に所在していても同様と解されている。個情法 Q&A10-25）。そのため、その場合も、安全管理措置の一環として「外的環境の把握」を行う必要があり、その上で本人に対する情報開示として、当該外国事業者の所在国とサーバの所在国（両者が異なる場合は両方。個情法 GL 通則編改正パブコメ 468 番）の名称を明らかにする必要がある。

## 2 「外国にある第三者」への提供と本人の同意

### （1）原則としての同意の必要性

　前記 **1** の（ⅱ）の場合（BtoC-E コマース運営者が自社とは別の法人格を有する「外国にある第三者」に情報を提供する場合）は、（ⅰ）の場合（自社自身が外国で情報を取り扱う場合。自社とは別法人の外国事業者が運営するクラウドサーバやデータセンターに情報を保存する場合で、当該外国事業者が当該情報を取り扱わないことになっているときも、（ⅰ）に該当する）と異なり、対象となる情報が個人データに該当する限り、BtoC-E コマース運営者には、原則として、「外国にある第三者への提供を認める旨」のユーザー本人の同意を取得することが求められる（個情法 28 条 1 項）。なお、英国及び EEA 域内国に所在する第三者への個人データの提供は、個情法 28 条の規制対象外とされるため（同条 1 項第 2 のかっこ書、個情則 15 条）、以下では、英国及び EEA 域内国「以外」の国を「外国」として想定する。

　上記のようなユーザー本人の同意を得ようとする場合、BtoC-E コマース運営者は、あらかじめ、次の事項について当該本人に開示しなければならない（個情法 28 条 2 項、個情則 17 条 2 項）。

---

　①提供先の外国の名称
　②適切かつ合理的な方法により得られた当該外国における個人情報の

> 保護に関する制度に関する情報
> ③提供先の第三者が講ずる個人情報の保護のための措置に関する情報

　②の情報として具体的に何を本人に開示するかについては、下図に示すようなステップを踏んで判断することになる（個情法 GL 外国第三者提供編5-2（2）②。OECD 8 原則については前記**第 2 章 I**）。なお、個人情報保護委員会は、米国、中国、韓国、ロシア等の 31 の国又は地域における個人情報の保護に関する制度について調査し、その結果をウェブサイト上で公表しており[23]、②の情報開示に当たって参考となる。

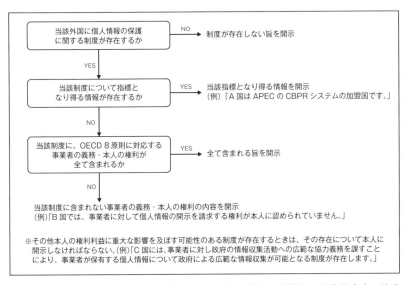

「当該外国における個人情報の保護に関する制度に関する情報」の具体的内容の決定フロー

　上記③の、「第三者が講ずる個人情報の保護のための措置に関する情報」

---

[23] 個人情報保護委員会ウェブサイトの「令和 2 年改正個人情報保護法について」ページにおける「外国における個人情報の保護に関する制度等の調査」部分 <https://www.ppc.go.jp/personalinfo/legal/kaiseihogohou/>。

も、提供先の第三者がOECD 8原則に対応する措置を講じていない場合に、当該講じていない措置の内容を開示することになる（個情法GL 外国第三者提供編 5-2（3））。なお、後記 **(2)** の場合と異なり、提供元の事業者において、提供先の第三者をして OECD 8原則に対応する措置を講じさせる義務を負うものではなく、あくまで本人への情報開示義務を負うにすぎない（OECD 8原則に対応する措置を講じさせないことが、別途安全管理措置義務（個情法23条〜25条）の違反を構成することはあり得る）。

## （2）例外としての基準適合体制の整備

　外国にある第三者に個人データを提供する場合でも、当該第三者において、国内の個人情報取扱事業者が個情法上講ずべきこととされている措置（同法17条〜40条）に相当する措置（相当措置）を継続的に講ずるために必要な体制（基準適合体制）が整備されているときは、本人の同意の取得は例外的に不要となる（同法28条1項第3のかっこ書）。ただし、この場合、当該第三者による相当措置の継続的な実施を確保するために必要な措置を講ずるとともに、本人の求めに応じて当該必要な措置に関する情報を当該本人に開示しなければならない（同条3項）。

　具体的には、提供先の第三者による相当措置の実施状況や当該相当措置の実施に影響を及ぼすおそれのある提供先の外国の制度の有無及びその内容を定期的に確認しつつ、当該第三者による相当措置の実施に支障が生じたときは、必要かつ適切な措置を講ずるなどする（個情則18条1項）ための体制を整えた上で、次の事項について本人に開示しなければならない（同条3項）。

①提供先の第三者による基準適合体制の整備の方法
②当該第三者が実施する相当措置の概要
③相当措置の実施状況等の確認の頻度及び方法
④提供先の外国の名称
⑤提供先の第三者による相当措置の実施に影響を及ぼすおそれのある

> 当該外国の制度の有無及びその概要
> ⑥提供先の第三者による相当措置の実施に関する支障の有無及びその概要
> ⑦⑥の支障に関して提供元の事業者が講ずる措置の概要

　④や⑤は、前記（1）の場合に本人へ開示すべき事項と大きく異ならないが、①～③は前記（1）と異なり、提供先の第三者がOECD 8原則に対応する措置（≒相当措置）を「講じていない」ことを示すのではなく、相当措置の継続的な実施がどのように確保されているか（いわば、提供先の第三者が相当措置をきちんと「講じている」こと）がわかるような情報を開示しなければならない（個情法GL外国第三者提供編6-2-2（2））。提供先の第三者が相当措置を講じていなければ、基準適合体制が整備されているといえなくなる可能性があるため、提供元の事業者としては、提供先の第三者による相当措置の実施状況等を定期的に確認し、相当措置の実施に支障が生じたときは、最終的には個人データの提供を停止するなどの措置を講じつつ、そうしたプロセスについても本人に情報開示すべきことになる（上記⑥・⑦）。

## （3）原則と例外の比較──いかなる場合に本人の同意を取得すべきか？

　前記（2）のように、基準適合体制が整備された第三者に対し、本人の同意を得ずに個人データを提供する場合、提供先における相当措置の実施状況等に関する確認・対応措置の実施義務（及びそのプロセスについての本人への情報開示義務）を提供元が負う点が、前記（1）のように本人の同意を得る場合との主な違いであり、この点のみを切り取れば、本人の同意を得る場合の方が提供元たるBtoC-Eコマース運営者にとって負担が小さいといえる。とりわけ、個人データの取扱いの委託を超えた純粋な第三者提供を行う場合は、前記Ⅳ1のとおり、いずれにしても個情法27条1項に基づき本人の同意を得る必要があるため、上記確認・対応措置の実施義務を負いながら基準適合体制が整備された第三者に限定した個人データ提供

を行う実益に乏しい。

　一方で、個人データの取扱いの委託又は共同利用を行う場合は、前記IV
**2・3**のとおり、個情法 27 条 1 項に基づく本人の同意が不要となるため、
状況が異なる。特に、BtoC-E コマースの会員登録手続のように、不特定
多数の個人に関する情報を継続的に長期にわたって取得する場合、プライ
バシーポリシーを通じて本人の同意を得た上で取得した個人データを外国
にある第三者に提供するならば、それぞれの取得の時点で前記**（1）**の①
〜③の事項について最新の情報をプライバシーポリシーに記載しておかな
ければならないため、事実上、基準適合体制が整備された第三者に個人デー
タを提供する場合と同様、提供先の外国における個人情報の保護に関する
制度等を定期的に確認する必要が生じ、本人の同意を取得する場合の優位
性が減殺される。

　また、前記**（2）**の①〜⑦の事項は、「あらかじめ」（個情法 28 条 2 項）
の開示が求められる前記**（1）**の①〜③の事項と異なり、本人からの求め
を受けたときに遅滞なく開示すれば足りるため（個情則 18 条 3 項柱書本文）、
必ずしもプライバシーポリシーを通じた情報開示が望まれるものではな
い。とりわけ、個人データを取得する時点で提供先の第三者（委託先等）
が具体的に定まっていない場合、プライバシーポリシーを通じて前記**（1）**
の本人の同意を得ようとするならば、提供先の外国（前記**（1）**①）を特
定できない旨及び提供先の第三者が講ずる措置（前記**（1）**③）について
開示できない旨並びにそれらの理由（提供先が定まる前に本人同意を得る必
要性を含む）をプライバシーポリシーに記載しなければならないが（個情
則 17 条 3 項・4 項、個情法 Q&A12-14）、実務上、そこまでの説明（特に、提
供先が定まる前に本人同意を得る必要性の説明）は困難であることも少なく
ない。そのようなケースでは、提供先の第三者が具体的に定まった後に、
当該第三者における基準適合体制を整備した上で、本人の同意を得ずに（プ
ライバシーポリシーを通じた情報開示をせずに）個人データを提供した方が、
手続的な負担は小さいということもできる。

　これらを踏まえると、一般的には、個人データの取扱いの委託を超えた

純粋な第三者提供を行う場合や、個人データの取得と外国事業者への委託・共同利用をセットで単発的に行うような場合を除き、基準適合体制が整備された第三者に対し、本人の同意を得ずに個人データを提供する方が、本人の同意を得るよりも全体的な手続コストは小さいことが多いと考えられる。もっとも、実際にいずれの方法が有利かは個別具体的な事情によるところもあるため、BtoC-E コマース運営者としては、提供先の第三者による個人データの取扱状況を把握することの難易(同一グループ内の企業であれば比較的容易であろうし、グループ外の企業であれば難しい場合もあろう)や、自社サービスのユーザーインターフェースの仕様等を考慮し、本人の同意を取得するか否かを判断した上で、プライバシーポリシーの記載内容を確定することになるだろう。

# Ⅵ 情報の開示等の請求等に応じる手続

　前記**第3章Ⅱ**のとおり、保有個人データの開示等の請求等に応じる手続(特に定めた場合は手数料の額を含む)は、個情法により本人の知り得る状態(本人の求めに応じて遅滞なく回答する場合を含む)に置くことが義務付けられる事項の1つである(同法32条1項3号)。ここでいう「保有個人データの開示等の請求等」とは、具体的には次の7種類の請求等を指す。

①保有個人データの利用目的の通知の求め(個情法32条2項)
②保有個人データの開示の請求(同法33条1項)
③個人データの第三者提供に係る記録(同法29条1項)又は第三者提供を受ける際の記録(同法30条3項)の開示の請求(同法33条5項)
④内容が事実でない保有個人データの内容の訂正等の請求(同法34条1項)
⑤利用目的による制限(同法18条)若しくは不適正な利用の禁止(同法19条)に違反して取り扱われ、又は適正取得義務(同法20条)

に違反して取得された保有個人データの利用停止等の請求（同法35条1項）

⑥第三者提供の制限（同法27条1項）又は外国にある第三者への提供の制限（同法28条）に違反して第三者に提供されている保有個人データの第三者への提供の停止の請求（同法35条3項）

⑦利用する必要がなくなった保有個人データ、漏洩、滅失、毀損その他の個人データの安全の確保に係る事態であって個人の権利利益を害するおそれが大きいもの（同法26条1項）が生じた保有個人データその他その取扱いにより本人の権利又は正当な利益が害されるおそれがある保有個人データの利用停止等又は第三者への提供の停止の請求（同法35条5項）

　これらの請求等に「応じる手続」とは、これらの請求等を受け付ける方法を意味し、具体的には、（ⅰ）請求等の申出先、（ⅱ）請求書の書式その他の請求等の方式、（ⅲ）本人確認・代理権確認の方法並びに（ⅳ）手数料の額及び徴収方法をいう（個情法37条1項、個情令12条。ただし、（ⅳ）は上記①〜③の請求等に関してのみ定めることができる。個情法38条1項）。

　こうした「応じる手続」は必ず定めなければならないものではなく、一切定めないのであれば、個情法32条1項に基づき「本人の知り得る状態」に置かなければならない事項も存在しない（「本人の知り得る状態」に置かなくとも個情法違反は生じない）ことになる。もっとも、その場合、本人がいかなる方法で上記①〜⑦の請求等を行っても原則として拒否できないことになってしまう（個情法GL通則編3-8-7（※3））。特に本人確認・代理権確認の方法については、確実に確認ができる方法（BtoC-Eコマース運営者がユーザーからの請求等を受け付ける場合、例えば、請求等の前に登録済みのユーザーIDとパスワードを用いた認証手続を経させるなど）をあらかじめ定めておかなければ、いざ請求等があったときに、本人の適法な権利行使に応じるべき個情法の要請と、権限のない他人に保有個人データを開示（漏洩）してしまうリスクの間で板挟みになってしまうおそれがある。したがっ

て、上記（ⅰ）〜（ⅳ）のような「応じる手続」については、あらかじめ明確に定めておくことが望ましく、定めた場合には、プライバシーポリシーを通じて「本人の知り得る状態」に置いておく必要があるということになる。

　なお、「応じる手続」の内容については、どのような内容でも自由に定めてよいというわけではなく、必要もないのに入手に手間がかかる書類の提出を求めることは避けるなど、本人に過重な負担を課するものとならないよう配慮する必要がある（個情法37条4項）。特に手数料の額については、「実費を勘案して合理的であると認められる範囲内」で定める必要があるところ（同法38条2項）、保有個人データの開示等をオンラインで完結させるような場合（ウェブサイト上で保有個人データを記録した電子ファイルをダウンロードしてもらうなど）は、「実費」の計算が容易でないことも多いと思われ、手数料を徴収できるとしても、「合理的であると認められる範囲」は狭く解される可能性がある。

# Ⅶ　問合せ・苦情等の受付窓口

　前記**第3章Ⅱ**のとおり、保有個人データの取扱いに関する苦情の申出先も、個情法32条1項により本人の知り得る状態（本人の求めに応じて遅滞なく回答する場合を含む）に置くことが義務付けられる事項の1つである（同項4号、個情令10条2号）。これとは別に、プライバシーマークの認証基準である JIS Q15001：2017 は、前記**第3章Ⅵ**のとおり、附属書Aの「3.2 個人情報保護方針」の中で、外部向け個人情報保護方針に「外部向け個人情報保護方針の内容についての問合せ先」を明記しなければならないとしている（同3.2.2）。

　後者の「問合せ先」は、個情法に基づく情報開示義務の対象とはされていない。もっとも、同法32条1項各号の事項を「本人の求めに応じて遅滞なく回答」しようとするならば、「本人の求め」を受け付けるための窓口は本人が容易にアクセスできるように開示されている必要があるだろ

う。したがって、プライバシーポリシーを作成する上では、この「問合せ先」は事実上の必要的記載事項ということができる。

　実務上、この「問合せ先」には、前記Ⅵの請求等の申出先を兼ねさせることが一般的である。更に、個情法に基づく情報開示義務の対象である「苦情の申出先」を兼ねさせることも考えられ、実務的にもよくみられる対応である（個情法 Q&A9-1 も、この対応を前提としているように読める）。もっとも、「問合せ・開示等対応に対する苦情を申し出たい」というユーザーの存在も想定されることからすれば、人員が確保できる限りにおいて、JIS Q15001 : 2017 が示唆するように[24]、「問合せ先」（兼、請求等の申出先）と「苦情の申出先」を分けて設置するのが望ましい対応であるといえる。

　いずれにしても、問合せ・苦情等の受付窓口は、これさえプライバシーポリシーに記載して公表しておけば、少なくとも個情法 32 条 1 項に基づく情報開示義務との関係では、プライバシーポリシーの他の記載に多少不足があったとしても、「本人の求めに応じて遅滞なく回答する」ことでカバーできるという点において、目立たないが最重要の記載事項と評価することもできる。E コマース運営者としては、しかるべき部署に確実に連絡が取れ、遅滞なく対応できる窓口がプライバシーポリシーに明記されていることを確認すべきである。

# Ⅷ　プライバシーポリシーの変更可能性

　前記**第 3 章**で挙げたプライバシーポリシーの法的意義からは、プライバシーポリシーにその変更可能性や変更手続に関する条項を記載すべき要請が直接導かれることはない。もっとも、前記**第 3 章Ⅳ 2** のように、プライバシーポリシーへの同意が私法上の契約を構成する意思表示となる可能性を考慮すれば、前記**第 2 部第 3 章Ⅱ** でみた規約の場合と同様、定型約

---

24)　少なくとも開示等と苦情・相談対応は個人情報保護マネジメントシステムにとって別の概念であることを指摘するものとして、NPO 法人日本システム監査人協会監修『6 ヶ月で構築する個人情報保護マネジメントシステム実施ハンドブック〔第 2 版〕』（同文舘出版、2019）57 頁。

款の不利益変更の要件（民法548条の4第1項2号）を満たすための方策の1つとして、プライバシーポリシーにも「変更をすることがある旨の定め」を置いておくことが望ましく、実際に多くの実例がある。

　もっとも、定型約款の不利益変更の要件を満たすことを含め、プライバシーポリシーを適法かつ有効に変更するためには、プライバシーポリシーの記載内容よりも、具体的な変更の内容や背景、手続等の方が重要である。この点は運用上の留意点として後述する（後記**第5章Ⅱ**）。

# 第5章
## プライバシーポリシーを運用する上での留意点

## I　プライバシーポリシーの表示の方法

　ここまで、BtoC-E コマース運営者にとってのプライバシーポリシーの法的意義を考察し、その結果を踏まえた条項作成上の留意点を概説した。特に、個情法に基づく情報開示義務の履行手段としての意義（前記**第3章Ⅱ**）、個人情報取得時の利用目的の明示・公表手段としての意義（前記**第3章Ⅲ**）、情報の取扱いに関する本人の同意の取得手段としての意義（前記**第3章Ⅳ**）等がプライバシーポリシーの法的意義の中心になることについては、既に何度か言及してきたところである。

　それでは、BtoC-E コマース運営者として、作成したプライバシーポリシーにこうした役割を十分に発揮させるためには、ユーザーに対してどのようにこれを表示すべきか。

　まず、個情法に基づく情報開示義務の履行手段としての意義や、個人情報取得時の利用目的の公表手段としての意義に鑑みれば、自社ウェブサイトのトップページから1回程度の操作で到達できる場所へ継続的に掲載することが最低限必要である（前記**第3章Ⅱ・Ⅲ**）。これに加えて、会員登録手続時や注文手続時等、ユーザーが実際に自らに関する情報をウェブサイトやアプリに入力する場面で改めてプライバシーポリシーを示すのか否か、示すとして具体的にどのような方法をとるのかに関しては、例えば次のように、いくつかのバリエーションが考えられる（規約については、前記**第2部第2章Ⅰ**でみたように、明確に表示の上で契約の内容とする旨の同意を取得することを前提とする）。

a プライバシーポリシーを一切示さない（規約の中でもプライバシーポリシーに言及しない）。

b プライバシーポリシー自体は示さないが、規約の中に、取得した情報をプライバシーポリシーに従って取り扱う旨の条項を入れておく。

c プライバシーポリシーの全文やプライバシーポリシーへのリンクを表示し、かつ、規約の中に、取得した情報をプライバシーポリシーに従って取り扱う旨の条項を入れた上で、規約についてのみユーザーから契約の内容とする旨の同意を取得する。

d プライバシーポリシーの全文やプライバシーポリシーへのリンクを表示した上で、規約とは別個独立に、規約と同様の方法で、ユーザーからプライバシーポリシーが適用される旨の同意を取得する。

e dに加え、第三者提供や外国における取扱いの可能性、その他プライバシー侵害のリスクが大きい情報の取扱いについて、ポップアップ等で特に強調し、個別に同意を取得する。

　aやbの方法では、ユーザーが自らに関する情報をBtoC-Eコマース運営者宛てに送信するまでの間に、プライバシーポリシー（又はプライバシーポリシーへのリンク）が本人の目に留まらない可能性がある。個人情報取得時の利用目的の明示（個情法21条2項）という観点からは、ウェブサイト上にプライバシーポリシーを掲載している限り、aやbの方法をとったからといって直ちに個情法違反と評価されるものではないとも考えられるが（個情法GL通則編3-3-4）、これらの方法によれば常に「事業の性質及び個人情報の取扱状況に応じ、内容が本人に認識される合理的かつ適切な方法」による明示（同（※））がなされたといえるか、といえば疑義がある（前掲脚注6）。

　また、情報の取扱いに関するユーザーの同意の取得という観点からみると、少なくとも私法上の同意については、プライバシーポリシーが定型約款（民法548条の2第1項柱書）に該当する限り、プライバシーポリシー自体をユーザーに表示しなかったからといって直ちに同意が無効（プライバ

シーポリシーを内容とする私法上の契約の不成立）となるわけではない。しかし、特にaの方法では、そもそも、規約の中で言及されていないプライバシーポリシーが、「契約の内容とすることを目的として」（同項柱書第3のかっこ書）準備された条項の総体たる定型約款といえるのか疑問があるほか（前記**第3章Ⅳ2**）、定型約款を内容とする契約が成立するための要件である、定型約款を契約の内容とする旨の合意（同項1号）や表示（同項2号）があったとも言い難い。一方、bの方法を採用する場合は、プライバシーポリシーが定型約款に当たると言い易いかもしれないが、しかし、ユーザーに不利益な条項について何ら示していない以上、前記**第2部第2章**でみたように、合意不成立とみなされる（同条2項）、又は無効（消費者契約法10条）と判断されるリスクが小さくない。個情法上の同意についても、aやbの方法によって「事業の性質及び個人情報の取扱状況に応じ、本人が同意に係る判断を行うために必要と考えられる合理的かつ適切な方法」による同意取得（個情法GL通則編2-16）がなされたとはいえない場合が多いと考えられる。

　したがって、ユーザーが実際に自らに関する情報をウェブサイトやアプリに入力する場面では、少なくともcの方法で、プライバシーポリシーの全文やプライバシーポリシーへのリンクをユーザーに表示すべきといえる。なお、スマートフォンのアプリに関しては、総務省の「スマートフォンアプリケーションプライバシーポリシー普及・検証推進タスクフォース」が2017年7月10日に公表した「スマートフォン　プライバシー　イニシアティブⅢ」の中で、アプリをダウンロードしようとする者が容易に参照できるよう、原則としてアプリ提供サイト（Google Playなど）のアプリ紹介ページにプライバシーポリシーへのリンクを張ることが望ましいとされている（同1.2.1.2 (1)）。

　では、更に進んで、dやeのように、規約への同意とは別個独立にプライバシーポリシーが適用される旨の同意を取得したり、プライバシーポリシーの中でも同意に重要な意味がある条項については特に強調して表示した上で個別に同意を取得したりする必要はあるか。プライバシーポリシー

の全文やプライバシーポリシーへのリンクをユーザーに表示したとしても、実際にユーザーがその内容を詳細に確認することはあまり期待できないことからすると、少なくとも、一般的なユーザーは予測できないであろうと客観的に認められるような情報の取扱いを予定している場合は、その部分だけでも個別の同意の対象とすることが望ましいといえる[25]。特に、個人データの第三者提供や外国における取扱いについては、原則として行わない（行う場合は個別に同意を取得する）と規定するプライバシーポリシーも実務上多くみられる中で、これを当初から具体的に予定しているＥコマース運営者においては、プライバシーポリシーの中にその旨規定するだけでなく、できるだけ強調して個別に同意を取得しなければ、ユーザーにおいて予測できない取扱いであって私法上も個情法上も有効な同意が得られていないと評価されてしまうおそれがある。スマートフォンのアプリにおいて、プライバシー性が高いと考えられる情報（電話帳情報、位置情報、通信内容・履歴等）を取得・利用することが予定されている場合も同様である（「スマートフォン　プライバシー　イニシアティブⅢ」1.2.1.2 (1)）。

### コラム（7）　ダークパターンとプライバシーポリシーへの同意

**コラム（2）**で触れた、いわゆるダークパターン（ユーザーを知らず知らずのうちに不利益な意思決定を行うよう強制・誘導したり欺いたりしようとするウェブデザイン）は、個人情報や消費者プライバシーの保護との関係でも重大な問題を惹起している。

消費者プライバシー保護という文脈では、米国を中心に、インターフェイスのデザイン等を通じてスマートフォンやソーシャルメディアにおける利用者のパーソナルデータの提供等に関する実効的な選択を支援する

---

25）前記第3章Ⅳ**3**でみたような、個情法上の同意の有効性を私法上の同意の有効性と独立に判断すべきと考える立場からは、規約に対する私法上の同意をもって個情法上の同意も得られたと当然には解することができないため、規約への同意とは別個独立にプライバシーポリシーへの同意を取得すべきという考え方により強く傾く（嶋寺基ほか『約款の基本と実践』（商事法務、2020）149頁）。

ことを目的として、利用者の利益に資するような特定の選択肢にそれとなく誘導する「プライバシー・ナッジ」と呼ばれるアプローチが活用されてきたが、「利用者の利益に資する」か否かの判断はインターフェイス等の設計者に委ねられており、その判断次第で逆に利用者のプライバシーが侵害されるおそれがあるという問題点も指摘されているところである[26]。ダークパターンは、こうしたプライバシー・ナッジが本質的に孕む問題点が極端な形で顕在化した事例と捉えることができる。

　個人情報や消費者プライバシーの保護との関係で問題があるとされるダークパターンの典型例は、個人に関する情報を消費者に不利な態様で取り扱うことをプライバシーポリシーに記載しておいて、これに同意する旨のチェックボックスを初期設定でチェックされている状態（デフォルトオン）にしておくことである。GDPR が適用される欧州の国々では、こうしたデフォルトオンの利用によって取得された同意は、「不明瞭ではない（unambiguous）」（GDPR 4 条 11 号）意思表示という要件を満たさず無効と解されている[27]。また、米国カリフォルニア州の消費者プライバシー法（California Consumer Privacy Act：CCPA）は、事業者による個人データの販売（第三者提供）について、消費者本人によるオプトアウトを認めているところ（同州民法 1798.120 条 (a)）、同州司法長官が定め、2021 年 3 月に改正された CCPA 規則は、事業者がオプトアウト手続に際して何度も確認のクリックを求めたり、「オプトアウトすべきでない理由」を表示したりといった、「消費者によるオプトアウトの選択を覆し、若しくは阻害する目的で設計され、又はそれらの実質的な効果を有する手段」を用いることを禁じており（同州規則集11 編 999.315 条 (h)）、これもダークパターン規制の一種といえる。

　一方、日本の個情法は、事業者が個人情報その他の個人に関する情報を取り扱うに際し、ダークパターンを利用して本人の同意を得ることを明示的には禁止していない。個情法以外の法律でも、前記第 3 部第 2

26）成原慧「パーソナルデータとアーキテクチャの関係をめぐる試論－プライバシー・ナッジとプライバシー・バイ・デザインを題材にして」NBL1100 号（2017）9 頁。
27）EDPB, Guidelines 05/2020 on consent under Regulation 2016/679, Version 1.1, May 4, 2020.

章Ⅲのとおり、特定電子メール法に基づく同意を取得するに当たっては、デフォルトオフによることが推奨されているものの、デフォルトオンが明確に違法とされているわけではない。もっとも、個人情報を取得するに際し、本人を誤認させるようなプライバシーポリシーの表示方法を用いれば、「偽りその他不正の手段」による個人情報の取得を禁じる個情法20条1項違反に当たる可能性はある。また、個人関連情報を個人データとして取得する際に必要となる本人の同意（個情法31条1項1号）については、規制導入時の議論の中で、「本人関与の機会を実質的に確保するということからすれば、……明示の同意を得ることを原則とすべきではないか」として、本人が個人関連情報の提供を拒否しない限り同意しているものとして扱うことは許されないという方向性が示されていた[28]。こうした考え方は、将来的に、個人関連情報の取扱いに係る本人の同意のみならず、個人情報を含む個人に関する情報一般の取扱いに係る本人の同意について、より厳格に有効性を判断する方向へ結び付き得るものであり、解釈によるダークパターン規制の可能性を示唆するものといえる。

# Ⅱ　プライバシーポリシーの変更の方法

## 1　情報の利用目的の変更

　プライバシーポリシーを変更しようとする場合、情報の利用目的の変更か、それ以外の項目の変更かによって、必要となる手続が異なる可能性がある。

　情報の利用目的の変更に当たっては、個情法が定める要件を満たす必要がある。すなわち、変更前の利用目的と関連性を有すると合理的に認められる範囲を超えて利用目的を変更する場合、本人の同意が必要となる（同

---

28）　個人情報保護委員会「改正法に関連する政令・規則等の整備に向けた論点について（個人関連情報）」（2020年11月20日）5〜6頁。

法 17 条 2 項、18 条 1 項）。したがって、この場合、BtoC-E コマース運営者としては、変更後のプライバシーポリシーをユーザーに表示し（会員サイトへのログイン時やアプリの起動時に自動的に表示させる方法が考えられる）、改めて同意ボタン等により同意を取得しなければならない。

　一方、変更前の利用目的と関連性を有すると合理的に認められる範囲内の変更であれば、変更後の利用目的を本人に通知し、又は公表することで足り（個情法 21 条 3 項）、本人の同意を取得する必要はない。

　両者の対応の境界は、利用目的の変更が「変更前の利用目的と関連性を有すると合理的に認められる範囲」を超えるか否かである。個人情報保護委員会のガイドライン上、この範囲内か否かは、「変更後の利用目的が変更前の利用目的からみて、社会通念上、本人が通常予期し得る限度と客観的に認められる範囲内」か否かによって定まるものとされている（個情法 GL 通則編 3-1-2。具体的に「変更前の利用目的と関連性を有すると合理的に認められる範囲」を超える事例・超えない事例について、個情法 Q&A2-8、2-9）。例えば、BtoC-E コマース運営者が、ユーザーによる商品の購入履歴を、単純に同一の商品の広告を機械的に定期配信するために利用しており、そのような利用目的をプライバシーポリシー上に明記している場合において、新たに当該購入履歴から、ユーザーの行動・関心等を分析し、その結果に応じた関連商品の広告を配信しようとするときは、そのような分析を含む取扱いをユーザー本人が予測できない可能性も考えられること（前記**第 4 章 II 2**）からすると、「社会通念上、本人が通常予期し得る限度と客観的に認められる範囲」を超えた利用目的の変更として、ユーザー本人の同意が必要となるものと考えられる。

　上記「社会通念上、本人が通常予期し得る限度と客観的に認められる範囲内」か否かという基準は必ずしも明確とはいえないため、利用目的を変更する場合はどのような内容であっても原則としてユーザーの同意を取得するフローとすることも、安全策としてはあり得る選択肢である。ただしその場合、同意しないユーザーの取扱いをどうするのかについては慎重な検討が必要だろう。特に、同意しないユーザーにはサービス自体を利用さ

せないという取扱いは、利用目的の変更内容（変更によりユーザーが受ける不利益の程度等）によっては、そうした取扱いを前提として得られた同意の任意性を否定する事情になり得るため[29]、留意が必要である。

## 2　その他の項目の変更

　情報の利用目的以外の項目の変更については、個人データの第三者提供や外国における取扱いのように、それ自体が本人の同意を必要とする取扱いを除き、個情法は特段手続上の制約を置いていない。もっとも、プライバシーポリシーを内容とする私法上の契約が成立する可能性を考えると、前記**第2部第3章**でみた規約の場合と同様、定型約款を変更するための実体的要件（民法548条の4第1項）及び手続的要件（同条2項・3項）を満たすように変更を行う必要がある。

　特に実務上、プライバシーポリシーに「変更後のプライバシーポリシーは、当社のウェブサイトに掲載した時点から有効とします」などと規定している例もままみられるが、前記**第2部第3章Ⅱ**でみた規約の場合と同様、軽微な変更を除き、一定の周知期間（2週間以上は確保しておくことが望ましい）を置くことが適切である（また、変更の程度によっては、ウェブサイト上で掲載するだけでなく、電子メールやアプリのプッシュ配信など顧客が確認しやすい方法も併用することが望ましい）。

　なお、上記のような規定例は、ウェブサイト上の別のページで周知した後、もともとプライバシーポリシーを掲載していたページへ変更を反映した時点から有効とする、という趣旨に解することもできる。そのため、実

---

29) いわゆる独占禁止法（私的独占の禁止及び公正取引の確保に関する法律（昭和22年法律第54号））の解釈に関してであるが、公正取引委員会「デジタル・プラットフォーム事業者と個人情報等を提供する消費者との取引における優越的地位の濫用に関する独占禁止法上の考え方」(2019年12月17日) 5 (2) ア（注18）は、消費者が、デジタル・プラットフォーム事業者のサービスを利用せざるを得ないことから、利用目的の達成に必要な範囲を超える個人情報の利用にやむを得ず同意した場合には、当該同意は消費者の意に反するものと判断される場合があるとした上で、やむを得ず同意したものであるかどうかの判断においては、同意したことにより消費者が受ける不利益の程度等を勘案することとしている。個情法上の同意の有効性（任意性）判断につき同様の考え方をとるものとして、松前・前掲注8) 24頁。

際にそのような運用をしている限りにおいて、規定自体が違法又は無効となるものではないと考えられるが、ユーザーに変更プロセスがわかりやすく伝わるよう、規定ぶりには工夫が必要だろう。

## プライバシーポリシーへの記載を検討すべき事項
※網掛けは個情法上の要請以外の事項

1　本人への「明示」が求められる事項
※「明示」の例：本人がアクセスした自社のウェブページ上又は本人の端末装置上に表示

| 対象情報 | 項目 | 根拠規定等 |
|---|---|---|
| 本人から直接取得する書面（電磁的記録を含む）に記載された当該本人の個人情報 | 対象情報の利用目的 | 個情法 21 条 2 項、個情法 GL 通則編 3-1-1 |
| | 対象情報を第三者に提供することを想定している場合にはその旨 | |
| | 自らの名称又は氏名 | JIS Q 15001：2017 附属書 A.3.4.2.5 |
| | 個人情報保護管理者（若しくはその代理人）の氏名又は職名、所属及び連絡先 | |
| | 対象情報を第三者に提供することが予定される場合は次の事項：<br>・第三者に提供する目的<br>・提供する対象情報の項目<br>・提供の手段又は方法<br>・提供を受ける者又はその組織の種類及び属性<br>・対象情報の取扱いに関する契約がある場合はその旨 | |
| | 対象情報の取扱いの委託を行うことが予定される場合にはその旨 | |
| | 保有個人データに関する請求等があった場合にはそれに応じる旨及び問合せ窓口 | |
| | 本人が対象情報を与えることの任意性及び対象情報を与えなかった場合に本人に生じる結果 | |

| 対象情報 | 項目 | 根拠規定等 |
|---|---|---|
| | 本人が容易に知覚できない方法によって対象情報を取得する場合にはその旨 | |

2　本人が「容易に知り得る状態」に置くこと又は「容易に参照できる場所に掲示又はリンクを張る」こと（スマートフォンアプリケーションの場合）が求められる事項

※「容易に知り得る状態」の例：本人が閲覧することが合理的に予測される自社のウェブサイトのトップページから1回程度の操作で到達できる場所にわかりやすく継続的に掲載

※「容易に参照できる場所に掲示又はリンクを張る」ことの例：アプリケーション提供サイト（Google Play など）のアプリケーション紹介ページにリンクを張る

| 対象情報 | 項目 | 根拠規定等 |
|---|---|---|
| オプトアウトによって第三者に提供する個人データ | 自らの氏名又は名称、住所及び（法人の場合は）代表者の氏名 | 個情法27条2項、個情則11条4項 |
| | 第三者への提供を利用目的とすること | |
| | 対象情報の項目 | |
| | 対象情報の取得方法 | |
| | 第三者への提供の方法 | |
| | 本人の求めに応じて第三者への提供を停止すること | |
| | 本人の求めを受け付ける方法 | |
| | 対象情報の更新方法 | |
| | 第三者への提供を開始する予定日 | |

| 対象情報 | 項目 | 根拠規定等 |
|---|---|---|
| 特定の者との間で共同して利用する個人データ | 特定の者との間で対象情報を共同して利用する旨 | 個情法27条5項3号 |
| | 対象情報の項目 | |
| | 共同して利用する者の範囲 | |
| | 利用する者の利用目的 | |
| | 対象情報の管理について責任を有する者の氏名又は名称、住所及び（法人の場合は）代表者の氏名 | |
| スマートフォンアプリケーションを提供する事業者が取得する全ての個人情報その他の利用者情報 | 自らの氏名又は名称、連絡先等 | スマートフォン プライバシー イニシアティブⅢ 1.2.1.1 |
| | 対象情報の項目等（スマートフォン外部への送信等により取得する旨を含む） | |
| | 対象情報の取得方法（利用者の入力によるものか、アプリケーションがスマートフォン内部の情報を自動取得するものなのか等） | |
| | 対象情報の利用目的（アプリケーション自体の利用者に対するサービス提供のために用いるのか、広告配信・表示やマーケティング目的のために取得するのか、それら以外の目的のために用いるのか） | |
| | 対象情報を第三者提供する場合は次の事項：<br>・第三者への提供を目的とすること<br>・第三者に提供される対象情報の項目等 | |
| | 対象情報を外国にある第三者に提供する場合はその旨 | |

| 対象情報 | 項目 | 根拠規定等 |
|---|---|---|
| | 特定の者と対象情報を共同利用する場合は次の事項：<br>・共同利用をする旨<br>・共同利用される対象情報の項目<br>・共同して利用する者の範囲<br>・利用する者の利用目的<br>・当該対象情報の管理について責任を有する者の氏名又は名称 | |
| | 情報収集モジュールを組み込む場合は次の事項（組み込まない場合は第三者が情報収集モジュールを用いて対象情報を取得しない旨）：<br>・組み込んでいる情報収集モジュールを用いたサービスの名称<br>・情報収集モジュール提供者の名称<br>・取得される対象情報の項目<br>・利用目的<br>・第三者提供・共同利用の有無等<br>・各情報収集モジュール提供者のプライバシーポリシーへのリンク | |
| | 同意取得の対象となる対象情報の範囲・取扱方法等 | |
| | 対象情報の利用を中止する方法等 | |
| | 問合せ窓口 | |
| | プライバシーポリシーの変更を行う場合の手続 | |

3 「公表」又は「一般の人が知り得るようにするための措置」が求められる事項

※「公表」の例：自社のウェブサイトのトップページから 1 回程度の操作で到達できる場所への掲載

※「一般の人が知り得るようにするための措置」の例：ウェブサイトによる公開

| 対象情報 | 項目 | 根拠規定等 |
|---|---|---|
| 取得する全ての個人情報 | 対象情報の利用目的 | 個情法 21 条 1 項、個情法 GL 通則編 3-1-1 |
| | 対象情報を第三者に提供することを想定している場合にはその旨 | |
| | 次の事項を含む外部向け個人情報保護方針：<br>・事業の内容及び規模を考慮した適切な対象情報の取得、利用及び提供に関すること<br>・対象情報の取扱いに関する法令、国が定める指針その他の規範を遵守すること<br>・対象情報の漏えい、滅失又は毀損の防止及び是正に関すること<br>・苦情及び相談への対応に関すること<br>・個人情報保護マネジメントシステムの継続的改善に関すること<br>・トップマネジメントの氏名<br>・制定年月日及び最終改正年月日<br>・以上の内容についての問合せ先 | JIS Q 15001：2017 附属書 A.3.2.2 |
| 特定の者との間で共同して利用する仮名加工情報 | 特定の者との間で対象情報を共同して利用する旨 | 個情法 41 条 6 項、42 条 2 項、27 条 5 項 3 号 |
| | 対象情報の項目 | |
| | 共同して利用する者の範囲 | |
| | 利用する者の利用目的 | |

| 対象情報 | 項目 | 根拠規定等 |
|---|---|---|
| | 対象情報の管理について責任を有する者の氏名又は名称、住所及び（法人の場合は）代表者の氏名 | |
| 自ら作成した匿名加工情報 | 対象情報に含まれる個人に関する情報の項目 | 個情法43条3項 |
| 第三者に提供する匿名加工情報 | 対象情報に含まれる個人に関する情報の項目 | 個情法43条4項、44条 |
| | 第三者への提供の方法 | |
| 全ての匿名加工情報 | 対象情報の安全管理措置の内容（努力義務） | 個情法43条6項、46条 |

4 「本人の同意」を得る際に情報開示が求められる事項

| 対象情報 | 項目 | 根拠規定等 |
|---|---|---|
| 第三者に提供する個人データ | 想定される提供先の範囲や属性（義務ではないが望ましい） | 個情法27条1項、個情法Q&A7-9 |
| 外国にある第三者に提供する個人データ | 当該外国の名称 | 個情法28条1項・2項、個情則17条2項 |
| | 当該外国における個人情報の保護に関する制度に関する情報 | |
| | 当該第三者が講ずる個人情報の保護のための措置に関する情報 | |
| 自らが個人データとして取得する個人関連情報 | 対象情報を特定できる内容 | 個情法31条1項、個情則17条1項・2項、個情法GL通則編改正パブコメ371番 |
| | 自らが所在する外国の名称（外国事業者の場合） | |

| 対象情報 | 項目 | 根拠規定等 |
|---|---|---|
| | 自らが所在する外国における個人情報の保護に関する制度に関する情報（外国事業者の場合） | |
| | 自らが講ずる個人情報の保護のための措置に関する情報（外国事業者の場合） | |
| 個人データとして取得することが想定される第三者に提供する個人関連情報 | 提供先の第三者（個別に明示） | 個情法 31 条 1 項、個情則 17 条 1 項・2 項、個情法 GL 通則編改正パブコメ 369 番 |
| | 対象情報を特定できる内容 | |
| | 提供先の第三者が所在する外国の名称（外国にある第三者に提供する場合） | |
| | 提供先の第三者が所在する外国における個人情報の保護に関する制度に関する情報（外国にある第三者に提供する場合） | |
| | 提供先の第三者が講ずる個人情報の保護のための措置に関する情報（外国にある第三者に提供する場合） | |

5 「本人の知り得る状態（本人の求めに応じて遅滞なく回答する場合を含む。）」
に置くことが求められる事項
※「本人の知り得る状態（本人の求めに応じて遅滞なく回答する場合を含む。）」
の例：電子商取引において、商品を紹介するウェブページに問合せ先のメール
アドレスを表示

| 対象情報 | 項目 | 根拠規定等 |
|---|---|---|
| 全ての保有個人データ | 自らの氏名又は名称、住所及び（法人の場合は）代表者の氏名 | 個情法 32 条 1 項、37 条 1 項、個情令 10 条、12 条 |
| | 対象情報の利用目的 | |
| | 対象情報の開示等の請求等に応じる手続として次の事項：<br>・請求等の申出先<br>・請求等に際して提出すべき書面の様式その他の請求等の方式<br>・請求等をする者が本人又は代理人であることの確認の方法<br>・定めた場合は手数料の額及び徴収方法 | |
| | 対象情報の安全管理措置の内容（対象情報を外国で取り扱う場合の当該外国の名称を含む） | |
| | 対象情報の取扱いに関する苦情の申出先 | |
| | 認定個人情報保護団体の名称及び苦情の解決の申出先（認定個人情報保護団体の対象事業者である場合） | |
| | 個人情報保護管理者（若しくはその代理人）の氏名又は職名、所属及び連絡先 | JIS Q 15001：2017 附 属 書 A.3.4.4.3 |

## 6 「本人の求めに応じて」開示することが求められる事項

| 対象情報 | 項目 | 根拠規定等 |
|---|---|---|
| 外国にある第三者（基準適合体制を整備している者に限る）に提供する個人データ | 当該第三者による基準適合体制の整備の方法 | 個情法28条1項・3項、個情則18条 |
| | 当該第三者が実施する相当措置の概要 | |
| | 相当措置の実施状況等の確認の頻度及び方法 | |
| | 当該外国の名称 | |
| | 当該第三者による相当措置の実施に影響を及ぼすおそれのある当該外国の制度の有無及びその概要 | |
| | 当該第三者による相当措置の実施に関する支障の有無及びその概要 | |
| | 上記支障に関して自らが講ずる措置の概要 | |

# 事項索引

# 著者紹介

●経歴

いずれも、弁護士法人大江橋法律事務所（東京事務所）所属（2022 年 5 月 31 日時点）。

## 古川　昌平（ふるかわ　しょうへい）

2003 年立命館大学法学部卒業、2006 年同志社大学法科大学院修了。2007 年弁護士登録（60 期）。弁護士法人大江橋法律事務所（大阪事務所）。2014 年 4 月〜2016 年 3 月任期付職員として消費者庁にて勤務（2014 年 4 月　課徴金制度検討室政策企画専門官、2015 年 1 月　制度課・表示対策課政策企画専門官）。主な著作として、『エッセンス景品表示法』（商事法務、2018 年）。

## 上原　拓也（うえはら　たくや）

2011 年東京大学法学部卒業、2013 年東京大学法科大学院修了。2014 年弁護士登録（67 期）。弁護士法人大江橋法律事務所（東京事務所）。2019 年 University of Pennsylvania Law School 卒業、同年〜2020 年 Weil, Gotshal & Manges LLP（ニューヨーク）勤務。同年ニューヨーク州弁護士登録。主な著作として、『新型コロナウイルスと企業法務－with corona / after corona の法律問題』（商事法務、2021 年）（共著）。

## 小林　直弥（こばやし　なおや）

2013 年京都大学法学部卒業、2015 年京都大学法科大学院修了。2016 年弁護士登録（69 期）。弁護士法人大江橋法律事務所（東京事務所）。2022 年 University of California, Los Angeles School of Law 卒業。主な著作として、『約款の基本と実践』（商事法務、2020 年）（共著）。

## BtoC Eコマース実務対応

2022年8月15日　初版第1刷発行

| | |
|---|---|
| 著　者 | 古　川　昌　平 |
| | 上　原　拓　也 |
| | 小　林　直　弥 |
| 発 行 者 | 石　川　雅　規 |

発 行 所　株式会社 商 事 法 務

〒103-0025 東京都中央区日本橋茅場町 3-9-10
TEL 03-5614-5643・FAX 03-3664-8844〔営業〕
TEL 03-5614-5649〔編集〕
https://www.shojihomu.co.jp/

落丁・乱丁本はお取り替えいたします。　　印刷／広研印刷㈱
© 2022 Shohei Furukawa et al.　　　　　Printed in Japan
*Shojihomu Co., Ltd.*
ISBN978-4-7857-2980-6
＊定価はカバーに表示してあります。